講談社文庫

友情

平尾誠二と山中伸弥「最後の約束」

山中伸弥　平尾誠二・惠子

JN054984

講談社

文庫版まえがき

山中伸弥

そのお墓は、神戸の街が一望できる素晴らしい場所にあります。彼が生涯をかけて愛した神戸製鋼ラグビーチームの練習場、灘浜グラウンドも望めるその場所で、いま彼は眠っています。

初めてお墓参りに行ったとき、広大な墓地のなかで、なかなか彼のお墓を見つけることができませんでした。苦労をしてようやく対面を果たすと、僕は彼に久しぶりに会えたような気がしてしまって、気付いたらお墓に抱きついていました。墓石と思い切りハグをしていたんです。

お墓にそんなことをするのは、間違いなく人生で最初で最後でしょう。

彼、平尾誠二は、僕にとってそれくらい特別な存在です。

平尾さんが逝ってから、四年あまりの月日が流れましたが、僕のなかで彼の存在は小さくなるどころか、年々大きくなっています。いまでもしょっちゅう、彼に助けてもらっています。

たとえば、仕事で壁に突き当たったときです。人生、誰でも必ず理不尽な目に遭うことがあります。そうした理不尽こそが人間を成長させる、というのが平尾さんの持論でした。

「生きてたらしんどいことが起きるのは当然やろ」

「まあ、そういうこともあるわな。先生、笑え！」

そう言って「カッカッカ」と豪快に笑う、平尾さんの姿が目に浮かびます。そしてそんな彼の笑い声に、僕はいまも励まされています。

壁が立ちはだかったとき、その前でションボリするのではなく、どうやって対応するかを考える。それが平尾誠二の教えです。

別に真正面から当たらなくてもいい。強行突破ができないなら、一度は遠回りして壁を避けたっていい。僕は彼の言葉や著書から、そんなことを教わりました。

今も彼に励まされているのは、もちろん僕だけではありません。コロナ禍で閉塞感が漂うこの状況を、彼だったら、平尾誠二だったらどう乗り越えるだろうか。彼に紹介してもらった人たちに会うと、いつもそういう前向きな話題になり、まったく湿っぽい雰囲気になりません。

平尾誠二とは、そういう男です。

二〇一七年十月に、この文庫の元本である『友情』を出版させてもらいました。平尾誠二さん、そして妻である惠子さんとの共著という形です。

僕と平尾さんの付き合いは、けっして長くはありません。せいぜい六年の短いものでしたが、とても濃縮された時間だったと思っています。特に最後の一年間は、彼は癌と壮絶な闘いをしていました。その闘いに、僕は寄り添わせてもらった。この本には、僕と惠子夫人それぞれから見た、闘病の様子が綴られています。

本の中にも書きましたが、忘れられない場面があります。

癌が刻々と体をむしばんでいき、治療の選択肢が少しずつなくなっていく。そんな辛い状況のときでした。

新しい治療を試そうということになり、僕は彼にこう告げました。

「平尾さん、この薬の組み合わせは、まだ世界で誰もやったことがありません。だからどんな効果があるか、そしてどんな副作用が出るかも、誰にもわかりません」

普通なら戸惑うところです。でも彼は違いました。

表情がパーッと明るくなって、こう言ったんです。

「そうか先生！　世界初なんか！」

そして、そばにいた恵子夫人にこう続けました。

「けいちゃん、けいちゃん、聞いたか？　俺ら世界で初めてのことやるんやで！」

なんちゅう奴や、この状況でそういう考え方ができるんか――と僕はビックリしました。感動した、と言ってもいいくらいでした。

僕は当時、すでに臨床の現場を離れていたし、癌の専門家でもありません。それでも、もし自分が同じ病状だったらどんな治療をしたいかを一生懸命考えて、平尾さんに提案しました。平尾さんはご家族に、「僕は山中先生を信じるって決めたんや」と言ってくれていたそうです。

でも結果的に癌から生還させることはできなかった。いまから思えば、もっと何かできたんじゃないかと胸が苦しくなります。あれから四年経って、どんどん新しい治療法も出てきているし、僕の力が足りなかったと後悔することもあります。彼が僕を心の底から信頼してくれたからこそ、その思いはより強くなります。

平尾さんの悲願でもあった二〇一九年のラグビーワールドカップ日本大会。僕は開幕戦と決勝戦を、彼のご家族と一緒にスタジアムで観戦しました。予選を突破した日本代表が南アフリカ代表と激突した十月二十日は、彼の命日でした。

結果はご存知の通りですが、僕は悔しい思いを抱くとともに、四年前のイングランド大会のことを思い出していました。日本が南アフリカに歴史的な勝利を収めたしばらく後に、平尾さんと対談する機会があったのですが、彼はこう言っていました。

「あの試合は、相手が油断しとったんや。次はそうはいかん」

日本の勝利を誰よりも喜んでいた平尾さんでしたが、その眼は冷静でした。四年後の日本大会で、平尾さんの命日にその予言が的中することになって、僕は運命的なものを感じていました。もちろん日本は優勝した南アフリカ相手に大健闘を演じたわけで、もし平尾さんが見ていたら、きっとまた誰よりも喜んだはずですが。

あの大会で大活躍した山中亮平選手は、平尾さんがとても目をかけていた神戸製鋼の後輩です。髭の育毛剤が禁止薬物に引っかかり、山中選手が二年間の資格停止になる辛い経験をしたときも、平尾さんは励まし続けていました。頬骨を折りながらも顔面からタックルし続ける山中選手の奮闘を見たとき、まるで平尾さんが乗り移っているかのようだと、目頭が熱くなりました。

「世の中で人と人をつなぐ接着剤は友情しかない」という言葉を聞いたことがあります。僕もまさにそうだと思う。利害なく人と人を結び付けられるのが友情です。僕は四十歳を越えてから平尾さんと友情を育むことができて、人生にとって宝物のような時間を得ることができました。

平尾誠二は最後まで平尾誠二だったし、最後までカッコよかった。一人でも多くの人にそう伝えることが、僕の使命ではないかと思っています。

友情

平尾誠二と山中伸弥「最後の約束」

第2章 闘病――山中先生がいてくれたから……61
平尾恵子（平尾誠二夫人）

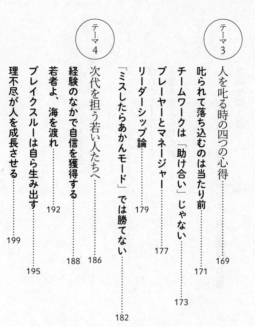

編集協力　岡村啓嗣
構成　竹内恵子
ブックデザイン　日下潤一＋赤波江春奈

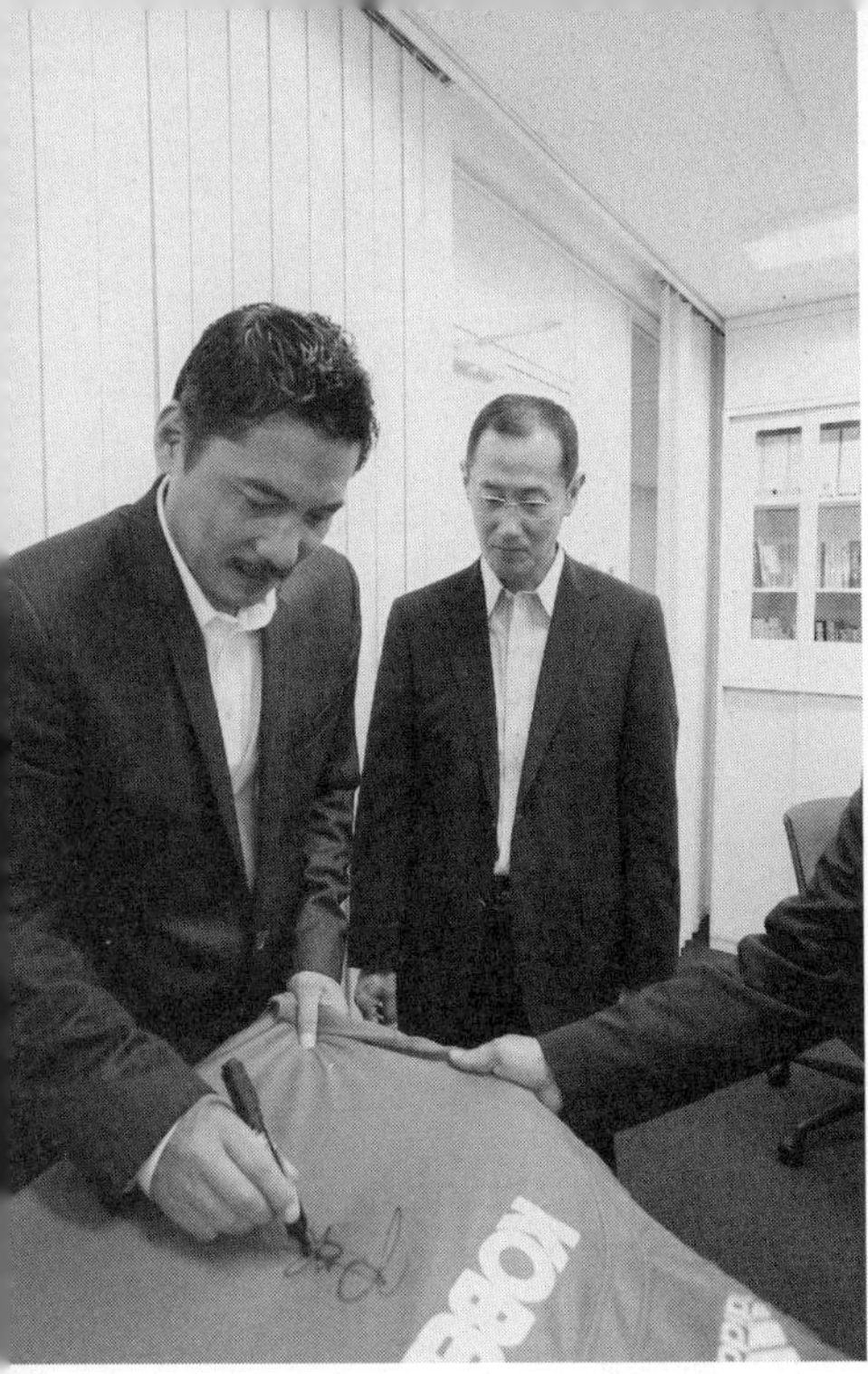

第1章
平尾誠二という男
山中伸弥

初対面の際、持参した
ユニフォームにサインする
平尾氏
（2010年9月）

ドラマの主人公そのままの男

初めて平尾誠二さんとお話をしたのは、二〇〇八年だったと思います。ある晩、神戸大学医学部の先輩と後輩、僕の三人で食事をしていました。先輩は僕より十歳ぐらい上で、当時は整形外科の教授でした。後輩は二、三歳下で、神戸大医学部のラグビー部でも一緒でした。今は教授になっています。二人とも神戸製鋼ラグビー部（神戸製鋼コベルコスティーラーズ）のチームドクターをしている関係で、平尾さんと親交がありました。

僕は高校時代から平尾さんの大ファンです。伏見工業高校の試合をテレビでよく観ていましたし、自分も大学で三年間だけですがラグビーをやっていたので、「本当に素晴らしい選手や」と憧れていました。

そんな話をしたところ、ちょっとお酒が入っていたこともあり、先輩が「そんなら平尾さんに電話するわ」と言って、その場で平尾さんに電話をかけました。

先輩はしばらく平尾さんと話をすると、

「今、隣に山中先生がいてますねん。代わりますわ」

と、僕に携帯電話を渡してくれました。

その時は挨拶程度の会話でしたが、平尾さんは、

「山中先生のことは前から存じ上げてます。ぜひ、お会いできたらいいですね」

と、おっしゃいました。社交辞令だったのかもしれませんが、「とても紳士的な方だな」という印象を受けました。

それから二年ほどして、「週刊現代」から平尾さんとの対談の依頼がありました。

京都大学iPS細胞研究所には国際広報室という部署があり、取材や対談などいろいろなリクエストを全部チェックしています。まだノーベル賞をいただく前で、毎年、発表の前の時期になると、ものすごい数の取材依頼をいただいており、基本的にはすべてお断りしていたのですが、二週間に一度ぐらいの割合で、どういう依頼があったかを僕に教えてくれていました。

「週刊現代」の依頼があった時も、「こういうお話がありましたがお断りします、こ

の依頼もお断りします、これもお断りします……」という報告を、僕は「はい、はい、はい」と聞いていました。その流れのなかにさりげなく、

「ラグビーの平尾誠二さんとの対談もお断りします」

という言葉が出てきたのです。僕は慌ててストップをかけました。

「えーっ！　ちょっと待って、ちょっと待って。今、なんて言うたの？」

これでこの話は復活。二〇一〇年九月三十日に京都で対談をすることになりました。

実際にお会いしてみると、平尾さんは僕が思い描いていた通りの方でした。

平尾誠二は、僕のようにラグビーをやっていた人間だけでなく、男女を問わず同年代の人たちにとってヒーロー的な存在です。テレビでも、伏見工業高校ラグビー部を題材にしたドラマ『スクール・ウォーズ』◆注が大人気で、平尾さんをモデルにしたキャプテンの「平山誠」は、女子生徒がファンクラブを作るほど格好いいエースとして描かれていました。

「その通りの人が、そのまま出てきたな」と、僕は思いました。

テレビなどで憧れていた人でも、実際に会ったら想像していたイメージと違ってガッカリした、という話はよくあります。僕もそう思われているかもしれません。

でも、平尾さんは想像していたイメージそのまま、いや、それ以上に素敵な方でした。

彫りが深くて男前なだけでなく、とても心の優しい人なのです。話の端々に、いろいろな人に対する思いやりが滲みます。それが慇懃無礼《いんぎんぶれい》な感じではまったくなく、むしろ口では結構辛辣《しんらつ》なことも言うのですが、それでも優しさが自然に伝わってくるようでした。

対談後、編集者もまじえて京都で食事をしました。いちばん憧れていた人にお会いできた嬉しさから、いつもよりたくさんお酒を呑んでしまいました。

そこから、僕たちの付き合いが始まったのです。

◆注『スクール・ウォーズ』
正式名称は『スクール☆ウォーズ〜泣き虫先生の7年戦争〜』。一九八四年十月六日〜一九八五年四月六日にTBS系で放送。京都市立伏見工業高等学校ラグビー部（当時）と、その監督で元日本代表フランカーの山口良治をモデルにした学園ドラマ。視聴率二〇％を超えることもあった人気ドラマで、麻倉未稀が歌ったオープニング曲『ヒーロー　HOLDING OUT FOR A HERO』も大ヒットした。

山中氏の研究室で行われた対談は、
初対面とは思えないほど
笑いが絶えないものになった

会う約束をするだけで幸せになれる

対談などでご一緒した方に、僕はメールなり手紙なりで必ずお礼をしています。平尾さんにも、メールをお送りした記憶があります。すぐに彼からも連絡があり、今度は仕事と関係なしに会いましょう、ということになりました。普通は社交辞令で終わりがちですが、対談から三ヵ月も経たないその年のうちに一緒に食事に行きました。

その後は、主に携帯電話のメールで連絡をしながら、一、二ヵ月に一度ぐらいのペースで会って食事やゴルフをするようになりました。

お互い、五十に手が届くような年齢でしたが、僕らは急速に仲良くなり、やがて、無二の親友のようになっていきました。こういうことは稀《まれ》だと思います。少なくとも僕は、取材がきっかけでこんなに親しくなった人は彼以外にいません。

京都大学iPS細胞研究所にも、何度か来ていただきました。

この研究所にもラガーマンは何人もいるのですが、平尾さんが初めて研究所に来ると決まった時、僕はそのことを彼らに内緒にしていました。当日になって、「今日、平尾誠二さんがみえます」と彼らにメールを送ったら、研究の話だとなかなか返事をくれないのに、皆、「おーっ！」と意味不明の返信をしてきて、すぐ僕の部屋に集まりました。

当然ながら皆、平尾さんと一緒に写真を撮りたがります。有名人のなかには結構気難しい方もいて、写真撮影に応じてくれないこともあると聞きますが、平尾さんは嫌な顔一つせず、皆と一緒に写真を撮ってくれたのです。

本当に優しい人だな、と思いました。

二〇一三年十一月には、地元紙（神戸新聞と京都新聞の合同）で対談しました。対談の最後に、「平尾さんには、生まれ変わってもぜひラグビーをやってほしい」と僕が言うと、彼は笑いながら答えました。

「いや、次は研究者になりたいと思ってます。ｉＰＳ細胞を上回るものを創りたいです」

僕みたいにコテコテのボケツッコミはしないで、こういうウイットに富んだことをさりげなく言う――。それがまた、平尾誠二の格好いいところです。

僕にとって平尾さんはずっと憧れの人で、学生時代にやっていたラグビーも、彼の影響で始めたようなものです。その人に三十年近く経ってからお会いすることができ、会っただけでなく、こうして人柄にじかに触れられることが、嬉しくてしかたありませんでした。

平尾さんは、どんな方とのお付き合いでもクールだったと思いますが、僕は彼に会うのが嬉しくて、次の約束をすると、その日が楽しみでしょうがなくなります。あまりにもウキウキしているので、家内がいつもやきもちを焼くほどでした。

意外性のゴルフ

一緒にゴルフに行くようになったのは、対談から一年ほど経ってからです。

彼はゴルフが大好きなのに、練習はほとんどしないで本番だけの一発勝負。あれだけラグビーを極めてしまうと、もはやゴルフなど他の競技を一から必死で練習しようという気にはなれないのかもしれません。

ご自身は、「僕のゴルフは意外性のゴルフや」と言っていたそうです。

グリーン手前からショートアイアンでアプローチショットをしたら、大ホームラ

平尾氏見たさに集まった
京都大学iPS細胞研究所の
ラグビー経験者たちと

ン。僕たちが「あっ、OBだーっ」と思ったら、クラブハウスに向かう道の石垣にボールがカーンと当たり、跳ね返ってグリーンの近くに。

そういう凄いことを、よくされる人でした。キャディさんは、「あーっ、奇跡です!」とポカンとしていました。

そういう時は〝ドヤ顔〟で、あの「ワハハーッ」というビッグスマイルが出るのです。

一緒にラウンドする前は、平尾さんのことだからどれだけ上手いのだろうと思ったら、意外にもスコアが同じぐらいだったので、「これは楽しいな」と思いました。

僕らのスコアにはかなり幅があり、九〇を切る時もあれば、一一〇になることもありました。ひどい時には一二〇どころか、いくところまでとことんいってしまいます。お互いにそんな感じだったので、一五ホール目ぐらいまでは圧倒的に僕が勝っていても、

「いや先生、一ホールあったら十打ぐらい逆転できるで」

と、彼はよく言っていました。

もちろん彼のほうが上手かったと思いますが、時々は僕のほうが勝つこともありま

した。ラグビーでは天と地の違いがある人ですから、種目が違うとはいえスポーツで平尾さんに勝つのは快感です。

僕だけでなく、皆が彼とゴルフをして勝つと、「平尾誠二に勝った！」と言って喜んだそうです。彼も、それをわかってやっているようなところがありました。

繊細な人

平尾さんとの会話では、主に僕が聞き役だったように思います。

話題はラグビーそのものよりも、それにまつわるコーチ論や組織論、人間関係など、ラグビーを知らない人でもためになるテーマが多く、それを聞くのを楽しみにしていました。

平尾さんがゼネラルマネージャーをされていた神戸製鋼コベルコスティーラーズは、ジャパンラグビートップリーグの中でもトップクラスのチームです。

そういうチームで選手をマネジメントしていくうえでのさまざまな苦労や、ラグビー以外のスポーツの振興の話になると、彼は饒舌《じょうぜつ》になり、その言葉には非常に説得力がありました。

僕が研究チームを率いていくうえで、参考になる部分や共感できる部分は個々にたくさんありましたが、「平尾さんほどのすごい人でも、いろんな苦労やトラブルを乗り越えてやっているんだな」と知るだけでも聞き甲斐があり、とても勇気づけられました。

彼はラグビープレーヤーとして百年に一人の選手だと思いますが、プレーヤーとして凄《すさ》まじいだけでなく、日本のスポーツ界全体の常識を変えた革命児としても大きな実績を残しています。

僕らが学生だった頃、日本のスポーツ界は根性至上主義でした。「死ぬまで頑張る」もしくは「死んでも頑張る」が常識のようになっていて、とにかく長時間練習し、先輩には絶対服従という体育会系の思考がよしとされていました。

こうした常識を平尾さんは否定し、新たな戦略戦術を導入して、神戸製鋼ラグビー部を変えていきました。全体練習の日数や練習時間を短くし、あとは個人の判断に任せて実戦的な練習を行う、というやり方です。

今では普通になってきていますが、三十年近く前にこういう概念を彼は導入しました。導入しただけではなく、それで実際に神戸製鋼は強くなり、日本一のチームになったのです。

そういう既成概念にとらわれないところも、僕は大好きでした。僕からすれば波長が合って、一緒にいるのが心地よく、彼が言うことはひとことも聞き逃すまいとしました。

また、平尾さんは他人に対して厳しいように見えて、実はとても寛容です。でも、自分に対してはものすごく厳しい。それが彼の美学でもありました。

ぱっと見は体が大きくて豪快な人ですが、本当は繊細な人だということが、話をすればすぐわかります。口は決してよくないし、友達のこともよくからかっているのですが、実は常に相手のことを考えていて、準備や気配りを欠かしません。

僕や僕の家族に対しても、多くの友人に対しても、本当に目を届かせて気配りをしていて、「繊細な人やなあ」と感じることがしょっちゅうありました。

たとえば、僕に友人を紹介してくれる時には、

「先生、おもろい奴がおるから紹介するわ」

という軽い感じですが、ちゃんと相性を考えてくれていて、科学者として何かプラ

スになりそうな話をされる方を紹介してくれるのです。

平尾さんの交友関係は非常に広く、二人だけで会うことは実はあまりなくて、たいていは誰かを紹介してくれました。そうした方々とは今も交流があります。平尾誠二が取り持ってくれたご縁です。

僕が二〇一二年にノーベル賞を受賞した時も、平尾さんの繊細さを感じました。彼は受賞の発表から少し時間をあけ、落ち着いた頃合いを見計らって連絡をくれました。受賞直後の記憶はあちこち飛んでいるのですが、僕が想像するに、そういう時にはいろいろな人から山ほど連絡がくると彼にはわかっているから、あえて遠慮したのでしょう。そういう気遣いをする男でしたから。

平尾さんはいつも明るくにこやかで、怒った顔を見たことがありません。ただ、二〇一三年二月に行われた第五十回日本ラグビーフットボール選手権決勝では、いつもと違う顔を垣間見ました。

この試合は平尾さんと一緒に観戦する予定だったのですが、神戸製鋼も決勝に残ったため僕一人で観に行きました。試合前にウォームアップしている神戸製鋼チームの横を通った時、そこにおられる平尾さんは、これまでに見たことのない厳しい表情でした。

試合直前なので当然のことですが、「うわぁ、怖い顔してはるな」と、ちょっとびっくりしたのを憶えています。

娘を持つ父親として

僕らが親しくなってしばらくすると、家族ぐるみのお付き合いも始まりました。外で会食するだけでなく、お互いの自宅でお会いしたこともあります。家内と平尾さんの奥様の恵子さんは歳が近く、うちの長女と平尾さんのお嬢さんも同世代なので、すぐに仲良くなりました。

平尾さんが病気になる数ヵ月前だったと思いますが、お嬢さんの結婚の話を聞いたことがありました。

「この前、夕方に娘に会ったら、『今日、籍を入れました』と言いよったから、『なんや、そうなんか。なら乾杯でもするか』と言うて乾杯したんですよ」

入籍の日を事前に聞いていたのに、憶えていなかったのかもしれません。あるいは、彼のことだから、本当は知っているのに照れてそう言ったのかもしれません。

娘が嫁《とつ》ぐということは、男親にとってかなり大きなイベントです。平尾さんにとってもそうだったと思うのですが、意外なほどあっさりしていました。

僕も最近、長女が入籍しましたが、直前までいつ入籍するか知らされず、ある朝、寝起きを襲われて「婚姻届に証人が要《い》るからハンコを押して」と言われ、わけがわからないままハンコを押しました。

いつ娘が泣かせる言葉を言ってくれるのかなと思っていたら、

「二十七年間ありがとう。じゃあ、バイバイ」

想像していたのとはだいぶ違い、「えーっ、それで終わり？」と肩すかしをくったような気になったものです。

娘を持つ父親として、平尾さんのように淡々としてはいられませんでした。

「どうやら癌みたいです」

平尾さんが癌を告知されたのは、二〇一五年九月十二日でした。その前日、彼は友人たちとゴルフをし、夜になって僕や別の友人と一緒に食事をしました。その時は特に痩せておらず、様子も普段と変わったところはありませんでした。

ところが、二日後に、

「先生、実は先生と別れたあの晩に血を吐いて。どうやら癌みたいです」

と、車で移動中だった僕のところに彼から電話がかかってきたのです。吐血《とけつ》と聞いて、食道癌かな、胃癌かなと思い、それなら早期発見で絶対に大丈夫と思いましたが、話を聞いてみると、もっと深刻な状態のようです。入院先を聞くと、神戸にある僕も知っている病院でした。

翌日は日帰りの東京出張でした。僕の自宅は大阪なので、新大阪駅で降りてそのまま帰宅するつもりでしたが、予定を変更して新神戸駅まで行き、彼が入院している病院に直行しました。そこで担当の医師に話を聞き、CT画像を見せてもらったのです。

肝臓の中にできる胆管癌《たんかん》（肝内胆管癌）で、癌はびっくりするほど肝臓の中に広がっており、大きな衝撃を受けました。

その数日前には、いつもと同じように一緒に呑んでいたのです。まさに青天の霹靂《へきれき》でした。

吐血は、食道静脈瘤《りゅう》の破裂によるものでした。

血液はまず肝臓に入り、そこで解毒《げどく》をされて全身に回ります。その肝臓が癌でいっぱいになってしまうと、肝臓に流れ込む血液がせき止められるような状態になります。行き場を失った血液は、食道の静脈のところで溜まってしまい、静脈が瘤《こぶ》のようになります。平尾さんは、この食道静脈瘤が大きくなりすぎて破れたのです。

食道静脈瘤は、肝臓の状態が悪いと起こりやすいものです。僕の父は、約三十年前に怪我をして輸血したところ、輸血後肝炎（C型肝炎）になってしまい命を落としましたが、やはり食道静脈瘤がありました。

その後、テレビやネットなどで平尾さんの姿を見た人たちの間で、「平尾誠二は激痩せした、癌ではないか」と言われるようになりましたが、彼は癌のせいで痩せたのではありません。食道静脈瘤破裂の治療のためにずっと絶食をしたことで、一気に痩せたのです。

僕は声を上げて泣いた

僕はもともと整形外科医で癌は専門ではなく、長らく臨床もやっていませんが、その僕から見ても、彼の癌は「こうなるまで気付かないものなのか」と思うくらい大変な状況でした。

その時は余命のことまでは説明を受けなかったと記憶していますが、平尾さんが入院したことは病院内の医師たちの間ではすでに知られており、知り合いの医師から、「山中先生、平尾さんは年を越せない可能性が高いよ」と言われました。つまり、あと三ヵ月半くらいということです。余命というのはなかなか予想できないものですが、非常に厳しい闘いになることは確かでした。

そのあと病室に行って平尾さんと奥様にお会いし、「とにかく頑張りましょう」などと努めて明るい話をしました。

昔、僕の知り合いに、気が付いたら末期癌で非常に落ち込んだ人がおられましたが、平尾さんはそれほど気落ちしている様子ではなく、笑顔さえ見せていました。家族ぐるみのお付き合いだったので、帰宅すると家族に、「誠二さんはこういう状態なんだ」と告げました。彼の病気のことは、家内と娘たち以外、誰にも話していません。皆、「信じられない」とショックを受けていました。

一人になると、さまざまな思いが一気に押し寄せてきました。なんで平尾さんがこんなことになるんだ。自分と同い年で、まだ五十代半ばにもなっていないのに——。せっかくあんなに素敵な人と親しくなれて、これからもっといろいろなことが一緒にできると思っていた矢先に——。スポーツマンは元気が取り柄の一つじゃないか。どうして、どうして、よりによって平尾さんなんだ——。

その夜、僕は家族に気付かれないように、風呂場でシャワーを流しながら声を上げて泣きました。

免疫療法に望みを託す

平尾さんもご家族も、癌治療に関する情報が溢《あふ》れすぎているため、どういう治療を選択すればいいか困惑されているようでした。

ちょうどその頃から、免疫療法という治療法が皮膚癌や肺癌に効果があり、二〜三割の患者さんには劇的に効くという臨床結果が出てきていました。肝臓とは別の癌ではありますが、僕は「まだまだ希望はあるな」と思いました。

癌の免疫療法をごく簡単に言えば、体内の免疫力を強めることによって、癌細胞を排除する治療法です。

体内に癌細胞が発生すると、免疫細胞は癌細胞を異物だと判断し、攻撃し、排除していきます。しかし、癌細胞もやられる一方ではありません。攻撃された癌細胞は、免疫細胞にブレーキをかけて攻撃をやめさせ、免疫から逃れようとします。その結果、癌細胞が増え、癌が進行していきます。

免疫細胞の攻撃力を復活させるには、癌細胞がかけたブレーキを解除するか、逆に免疫のアクセルを強めて体内の免疫力を強める方法があります。

　僕が平尾さんの治療法として考えていたのは、癌細胞がかけたブレーキを解除する「免疫抑制阻害療法」というものでした。この治療に使われる薬は、「免疫チェックポイント阻害剤」と総称され、いくつかの薬が開発されています。

　僕の専門は癌ではありませんが、癌の専門家はたくさん知っているので、いろいろな方から意見を聞きました。ニボルマブ（商品名「オプジーボ」）という免疫チェックポイント阻害剤を開発された京都大学医学部の本庶佑《ほんじょたすく》先生（二〇一八年ノーベル生理学・医学賞を受賞）にも、平尾誠二という名前はいっさい出さずに、話を伺いに行きました。本庶先生のもとには、この薬の効き方に関していろいろな情報が集まってくるからです。

　こうして専門家の先生方にお話を聞き、「もし、自分が彼と同じ癌になり、彼と同じ状態だったら、どんな治療を受けるか」を必死で考え、有効と思われる治療法を平尾さんやご家族に伝えようとしました。平尾さんは僕の提案のほとんどに、「じゃあそれでいこう、先生」と言ってくれました。

　免疫療法の新しい薬をなんとか彼に使いたいと僕は思っていましたが、日本では皮膚癌と肺癌でしか使用を承認されていません。ただ、治験という形で、それ以外の癌にもトライアル的に使える可能性がありました。

それを彼の癌に使える病院はないかと調べたら、大阪のある病院の先生が、イギリスの製薬会社が開発した新薬の治験をされることを知り、すぐ担当の先生と連絡をとりました。治験は世界中で行われるけれど、日本では対象が六人に限られるということでしたが、幸い、その六人のなかに平尾さんは入れることになりました。

もちろん、有名人の平尾誠二だから入れたわけではありません。僕が彼のためだけに何か特別なことをしたわけでも決してありません。治験には厳しい規約があり、そういうことはできない仕組みになっています。

その先生に会うのが一ヵ月遅かったら、六人の枠はいっぱいになっていましたから、タイミングが非常によかったのです。「彼は本当に強運の持ち主だな」と思いました。

その治験は世界同時に行う初めての試みで、どういう効果があるか、どんな副作用が起こるか、誰にもわかりません。そもそも治験とは、それを確かめるために行うものです。

ただ、治験を行う製薬会社は、劇的に薬が効いた人には治療を続けるけれど、そうでない人には何回かで治験を終了させてしまう方針でした。

残念なことに、平尾さんの治験は二回で終わってしまいました。僕は一定の効き目があったと思うのですが、癌がいきなり小さくなるような劇的な効果は、平尾さんの体には認められなかったのです。

免疫療法では、ある人は癌が劇的に小さくなったり、別の人は、癌はそのまま残るけれど平和共存のような形が続いたりする、という話も聞いていたので、平尾さんはまさに後者ではないかと思っていました。もし、あのまま治験を続けられていたら、別の展開もあったかもしれません。そう思うと今でも悔しい気持ちがありますが、治験とは非常に厳しいもので、いかんともしようがありません。ここまでが僕の限界でした。

平尾さんの病気がわかってからは、平尾さんや奥様の惠子さんと毎日のようにメールや電話で連絡をとりあいました。僕は仕事で毎月アメリカへ行きますが、その時もメールのやりとりは続け、日本にいる時はしょっちゅう病室に行ってお話をしていました。だから、彼の体調の変化はリアルタイムで把握していたつもりです。

大阪の病院で治験を受けていた頃は、状態がわりあい安定していたので、薬が効いているのではないかと考えたわけです。それが薬の効果だったのか、彼自身の体がなんとか踏みとどまっていたのかは、もはやわからなくなってしまいましたが……。

まだまだ逆転してくれる

治験を続けられなくなったあと、平尾さんは抗癌剤による治療を始めました。その薬は副作用が強く、髭や髪の毛が抜けてしまう可能性もありました。そのため仕事はしばらくお休みするということでしたが、二〇一六年二月に神戸ロータリークラブで行われたトークイベントには、僕と一緒に出ていました。

この仕事は平尾さんから依頼されたものです。

「先生、こんな話があるけど無理かな？」

と連絡があった時、僕は絶対に出たいと思ったのですが、スケジュールを調べると、アメリカで行われる会合と日程が重なっていることがわかりました。二年前から決まっていた重要な会合です。日本からアメリカに行く飛行機をいろいろ調べましたが、間に合う便はなく、「平尾さん、残念ですがどうしても無理です」とお話をしていました。

しかし幸い、ある方の大きな助けがあり、対談の直後に神戸空港からアメリカに飛び、会合には途中から遅れて参加、という奇跡に近い日程調整をすることができました。あのトークイベントに参加できて、本当によかったと思います。

この時、平尾さんは自分の病気のことにはまったく触れず、主に、二〇一九年のラグビーワールドカップ日本大会の話をしておられました。

僕も、病気のことをいっさい忘れて、普段と同じように彼と対談していました。

「平尾誠二と話ができて嬉しい」という気持ちだけでした。

ただ、周りの方が平尾さんの姿を見て「痩せたね」と言うので、

「いや、僕もマラソンをだいぶやって、かなり痩せたんですよ」

と、彼の横で一生懸命、話をごまかそうとしていました。

「あの時の平尾さんの声は、ちょっと上ずっている気がした」と言う方もいましたが、それが病気の影響だったのか、僕にはわかりません。

その頃は食事を充分とれない状態で、腹水も溜まっていたと思いますから、普通の人なら対談など、とてもできないほど苦しかったはずです。それでも絞り出すように

大きい声を出そうとしていたことで、普段とはちょっと違う声に感じられたのかもしれません。

でも、平尾さんは本当に楽しそうに話していました。僕も、二月の段階ではほかにも治療法があると信じていました。なにせ平尾誠二ですから、

「まだまだ逆転してくれるんじゃないか。二〇一九年の日本大会は一緒に観に行けるはずだ」

と信じていたのです。

けれど結果的に、これが彼との最後の対談になってしまいました。

最後の時間

二〇一六年の八月頃までは平尾さんと話ができましたが、九月になるとそれもだんだん厳しくなっていきました。九月中旬には、感染症で緊急入院されました。

十月に入ると、僕の言うことはしっかり聞いてくれていたと思いますが、なかなか声が出せないようになってしまいました。

そうなると、かける言葉もなかなか見つからないのですが、でも、僕は平尾さんの顔が見たい。僕が来たことを平尾さんがわかってくれることと、病室にずっとついておられる恵子さんが気丈に明るくされていることが救いでした。

十月にアメリカへ行く時は、事前に主治医の先生に、

「何かあったら絶対に連絡してください。飛んで帰ってきますから」

と、お願いしました。

というのも、その前月にアメリカへ行った時、平尾さんの具合が急変したらしいのですが、恵子さんが主治医の先生に、「迷惑をかけたくないので、山中先生には連絡しないでください」と言ったということを、あとになって知ったからです。

渡米当日、夕方の飛行機に乗る前に病室に行き、「今日からアメリカです。一週間で帰ってきます」と告げて空港に向かいました。

アメリカ滞在中に主治医の先生から連絡はなく、帰国した次の日に病室へ行きました。

平尾さんのお嬢さんに赤ちゃんができたことを、家内が恵子さんから知らされていたので、その話をしました。もうその時にはほとんど声も出せなくなっていて、ほか

の話題では言葉をかけるのも憚《はばか》られるような状態でした。

結局、これが平尾さんと過ごす最後の時間となりました。次の日の早朝に、彼は亡くなったのです。

十月二十日の朝、研究所に向かう車の中で主治医の先生から「旅立たれました」と連絡をいただき、朝のミーティングをキャンセルして、そのまま病院へ直行しました。

アメリカから帰国するまで、平尾さんは僕を待っていてくれた気がしてなりません。

「先生がアメリカに行っている間にもしものことがあったら、迷惑をかけるから」と、待っていてくれたのではないか。最後まで平尾さんらしいな――。

そんなふうに思えてしかたないのです。

別れの言葉

お通夜と葬儀は無宗教の家族葬でした。しかも音楽葬で、平尾誠二にいちばん似合ったお別れのしかただと思いました。ご家族と親しい友人だけで見送り、私も家内と一緒に参列しました。

もっと派手にしてもいいような人ですが、病室に駆け付けたあと恵子さんとお話をして、

「お別れはご家族だけでするほうがいいように思います。絶対にそのほうが平尾さんも喜ぶし、ゆっくりお別れができるから、そうするほうがいいです」

と言ったのを憶えています。

その後、二〇一七年二月十日に、平尾さんをしのぶ「感謝の集い」が開かれました。僕は平尾さんに、こう語りかけました。

〈平尾さん、久しぶり。

相変わらずかっこいいですね。

僕はきみと同い年です。高校生の時からずっときみに憧れてきました。出会ってからはきみのことが大好きになり、そしてものすごく尊敬するようになりました。きみは、病気がわかってから、さらに格好よく立派でした。

きみの病気がわかった時……それはずいぶんと癌が進行していて、普通の人だったら呆然として何もできないような状態だったと思います。でも、平尾さん、きみは最後の瞬間まで病気と闘いましたね。

いろいろな治療を試しました。ある時、平尾さんに「この治療は世界初で、まだ誰もやったことのない治療だから、どんな副作用があるかわからない」と言いました。するときみは、心配するどころか顔がぱっと明るくなって、

「そうか先生、世界初なんか。けいちゃん聞いたか？　俺ら、世界初のことやってるんや」

そんなふうに言いましたね。

ある時、僕が病室を訪れたあと、きみはこう言ったらしいですね。

「なんか先生、元気なかったなあ。大丈夫かなあ」

平尾さん、きみのことが心配だったんです。僕がきみを励まし、勇気づけなければならないのに、逆にいつも僕が平尾さんに励まされていました。

きみが亡くなる前の日、病室でお会いしましたね。声がなかなか出せず、うまく聞き取ることができませんでした。でも僕が、「平尾さん、もうすぐ孫が生まれておじ

いちゃんやな」と言ったら、はっきりとわかる声で「まだまだですわ」と、はにかみながらとても嬉しそうに言いました。

それがきみとの最後の会話になりました。でも僕は、最後の会話がそんな内容だったことを嬉しく思っています。

きみが元気な時、一緒に呑みに行って、たくさんのことを教えてもらいました。いちばん心に残っているのは、「人を叱る時の四つの心得」。そのことを、亡くなってから思い出しました。

——プレーは叱っても人格は責めない。

——あとで必ずフォローする。

ところが、なんということでしょう。二つしか思い出せません。どうしてもあとの二つが、共通の友人に聞いてもわからないのです。平尾さんが、「なんや先生、忘れたんか。本当に（ノーベル）賞もろうたんか」と笑いながら言っている声が聞こえてくるようです。

でも二、三日前、ふと「もしかしたらメールにも書いてくれたんちゃうか」と思いました。たくさんもらったきみからのメールを、時間をかけて一つひとつ読み返しました。そしたら、やっぱり書いてくれていました。

――他人と比較しない。

――長時間叱らない。

きみのようなリーダーと一緒にプレーでき、一緒に働けた仲間は本当に幸せだったことでしょう。もちろん、僕もきみと一緒に過ごせて最高に幸せでした。

平尾さん、ありがとう。そしてきみの病気を治すことができなくて、本当にごめんなさい。また、きっとどこかで会えると信じています。そのときまでしばらく……。

また会おうな、平尾さん〉

いまだに僕は、「助けてあげられなくてごめんなさい」と心のなかで言い続けています。

なにかもっとできたのではないか、もっといい判断があったかもしれない、と思ってしまうのです。

最期まで紳士だった

平尾誠二の闘病生活は、究極の試合でした。ワンプレー、ワンプレーが結果を左右する極限状態の試合を、彼と一緒に闘っているような感じでした。

もちろん、彼が中心で闘っていたわけですが、少しでも僕にできることがあるのならどんなことでもしてあげたい、という思いでいっぱいでした。

肝臓の状態が悪くなると、体の中にいろいろな有害物質が増えてしまうため、ちょっと怒りっぽくなったり、おかしなことを言ったりすることもあり得るのですが、彼の言葉や考え方は、元気な頃とまったく変わりませんでした。

僕に弱音を吐くこともなく、「絶対に闘うんだ」と常に前向きでした。周囲の人に気配りし、ジョークもたくさん言いました。もし自分なら、とてもできなかっただろうと思います。

平尾誠二は最期まで紳士でした。平尾誠二のままでした。

今も彼の声が聞こえる

京都大学ｉＰＳ細胞研究所の僕の部屋には、元気だった頃の平尾さんと一緒に撮った写真や、彼のユニフォームやラグビーボールが飾ってあります。

ユニフォームとボールは最初の対談の時にいただいたもので、彼のサインが入っています。一緒に撮った写真は、デスクのすぐ近くにいつも置いています。

こうして彼と一緒にいることが、今の僕には一つの支えになっていて、何かあった時には、「また背中を押してくれないかなあ」と思いながら語りかけたりしています。今でも生きている気がして、写真を見るたびに、「ああ平尾さん、元気？」「また呑みに行こうや」という気持ちになってしまう。本当に不思議な人です。

そう思っているのは僕だけではありません。彼と親しかった人は皆、すぐ近くに彼がいるような気がして、いつでもひょいと顔を見せてくれるんじゃないかな、という気持ちをもっているようです。

だから、共通の友人や彼に紹介してもらった人に会っても、湿っぽい話にはなりません。「平尾さん、あんなこと言うてたな」とか、「平尾さんやったら、こんなふうに言うで」とか、そんな話ばかりしています。彼の存在があまりに大きかったので、亡くなったということがいまだに信じられず、なにか夢を見ているような感じです。

今も彼がすぐそばにいるという不思議な感覚を、僕は「京都マラソン２０１７」の時にも経験しました。

二〇一七年二月十九日に京都市内で行われたこの大会で、僕は自己ベストを十分以上更新し、目標だった三時間半を切る三時間二十七分四十五秒でゴールしました。

「自己ベストを十分以上も更新するなんて、まずあり得ない」と言う人もいますが、マラソンはメンタルに非常に左右されるスポーツです。

走っている時に、平尾誠二から背中をずっと押されているような感覚がありました。

「先生、行けるで、行けるで」

という彼の声が、確かに聞こえる気がしました。

平尾さんが亡くなった直後の二〇一六年十月三十日には「大阪マラソン」も走っていたのですが、その時はそんな感覚はぜんぜんありませんでした。

ところが京都では、「平尾さんに背中を押されている」と強く感じたのです。

山中氏の研究室には今も
平尾氏からもらったユニフォームや
ツーショット写真が飾られている

いや、実際に彼は僕の背中を押していてくれたのだと思います。彼は大阪より京都のほうに思い入れが強いのかな、とも思いました。

まったく科学的ではないけれど、僕にはそうとしか思えないのです。

濃密な六年間

平尾誠二さんと僕との付き合いは、出会いからわずか六年間で終わってしまいました。せっかく知り合えたのに、あっという間でした。

けれど、四十代半ばを過ぎてから男同士の友情を育《はぐく》むというのは、滅多にないことです。なんの利害関係もなく、一緒にいて心から楽しいと感じられる人と巡り会えた僕は幸せでした。

平尾誠二は、常に全力疾走でした。

病気がわかってからの一年と一ヵ月は、ずっと家族と一緒にいて、濃密な時間を過ごしました。その間、ご家族が互いに支え合っていたのを、僕はこの目で見てきました。今までは忙しくて家族と過ごす余裕はほとんどなかったでしょうから、本当によかったと思います。

もし、二〇一五年に癌宣告を受け、その年のうちに亡くなっていたとしたら、家族水入らずの時間を過ごせなかったことが、彼の唯一の心残りになっていたことでしょう。

もちろん彼は、もっと長生きしたかったに違いありません。

しかし、平尾誠二はラグビーで頂点を極め、その後も、ほかの人にはできないさまざまなことを経験しました。彼のおかげで、日本ラグビーは今のように強くなりました。一人の患者としても、本当によく闘いました。

そういう意味では、残された人たちに対して、

「俺はすべてをやり尽くした。そう思っていてほしい」

と、平尾誠二は願っているのではないかと思います。

奥様の恵子さんにとっては、亡くなった直後より、一年ぐらい経ってからのほうがつらくなるかもしれませんが、お孫さんが誕生したことが一筋の光明になると思います。僕も父親を亡くした翌年に長女が生まれ、ずいぶんと気持ちが救われました。

恵子さんやお嬢さんとは、今も家内が折にふれて連絡を取り合っているようです。

二〇一七年の春には、我が家にも来ていただきました。これからも、少しでも支えになることができれば、と思っています。

二〇一九年にはラグビーワールドカップ日本大会が開かれます。平尾さんとはよく、その話をしました。日本代表監督を志《こころざし》半ばで退いたこともあり、「自分だったらこうしたい、ああしたい」という構想も、きっとあっただろうと思います。

日本でワールドカップが観られるなんて夢のよう。万難を排して観に行くつもりです。

平尾さん、その時はもちろん、きみと一緒だ。

二人で思いっきり日本チームを応援しような。

平尾氏が亡くなって半年余り、改めて思いを語る山中氏

第2章 闘病――山中先生がいてくれたから

平尾恵子（平尾誠二夫人）

2017年2月、平尾氏をしのぶ
「感謝の集い」で挨拶する山中氏

無償の友情

主人には心を許した友達が何人かいましたが、妻の私から見ても、山中伸弥先生は特別な人だったと思います。

自分が癌であることを、主人は親しい友達にさえ知らせませんでしたが、山中先生だけには、癌が見つかった当初からお話ししていました。先生は治療について親身にアドバイスをしてくださいました。

この病気に関する情報はあまりにも多く、どういう治療をすればよいのか、本人も家族も非常に迷います。もしも先生のアドバイスがなかったら、私たちは闇の中を手さぐりで進むうちに誤った選択をし、大きな悔いが残ったかもしれません。

主人の死から一年近くが過ぎた今、私たち家族に治療の面で後悔の念がないのは、山中先生のおかげです。心から信じ合える友として、癌と闘う仲間として、先生は常に主人のそばにいてくださいました。天国にいる主人ともども、心からありがたく思っています。

突然の余命宣告

主人の体に異変が起きたのは、二〇一五年九月のことでした。

九月十一日の夜、主人は山中先生やお友達と大阪で会食し、家に帰ってきたのは十二日の午前零時を過ぎていました。楽しそうに会食の様子を私に話してくれましたが、

「山中先生が最後にサンマを頼まれて、うまそうやったから自分もついつい頼んだら、それが悪かったみたいで、ちょっと胃の調子が悪いんよ」

と言っていました。

翌十二日は広島で神戸製鋼の試合があり、私は新神戸駅まで車で送っていく予定だったので午前二時頃には寝ましたが、主人は「もうちょっと起きておくわ」と言いました。

翌朝、私が六時頃に起きると、主人はもう起きていて、いつもと変わらない口調でこう言うのです。

「実はゆうべ、血を吐いちゃって」

何が起きたのかよく理解できないまま慌ててトイレに行くと、普段は家のことなどほとんどしない人なのに、その形跡がないくらいに、きれいに拭《ふ》いてありました。それを見て、これは大変なことが起きていると、ますます不安になりました。

かなり吐血したから広島に行く前に病院に寄りたいと言うので、神戸製鋼のチームドクターがいらっしゃる地元の病院に電話をして、すぐに一緒に病院へ行き、検査を受けました。

チームドクターは整形外科医ですが、検査のことで親切にお世話をしてくださいました。その表情から、これはただごとではないとすぐわかりました。主人は出血をクリップで止めるための内視鏡手術に入っていましたが、その時はまだ、そんなにたいしたことはないと考えていたようです。

もう少しいろいろな検査をしましょうということになり、主人が検査を受けている午後二時過ぎ、私は先生に呼ばれ、こう告げられました。

「原発巣《げんぱつそう》はまだ確定していませんが、癌が原因の食道静脈瘤破裂です。癌はかなり悪い状態で、とても年内はもちません」

これは夢だ、悪い夢を見ているに違いない——。

私たちの娘が結婚したのは、その年の六月です。主人は、ちょっと照れくさそうに微笑《ほほえ》みながら、娘と一緒にバージンロードを歩いていました。それから半年もしないうちに、まさか余命宣告を受けるとは、誰が想像できたでしょう。

「平尾に余命は言わないでください」

とお願いしました。

しかし、今の医療現場では、本人に告げないわけにはいかないということです。

「ではせめて、年内はもたないとか、そういうことは言わないでください。それは私が引き受けますので、今は言わないでほしいのです」

そう重ねてお願いしました。

けれど、主人は頭も勘もいい人です。そのあと、改めて二人で検査結果の説明を受けた時、検査の画像を見て、深刻な病状だとすぐにわかったようでした。

検査から数日後には、年配の看護師さんから次のように言われました。

「この病院にはホスピスがあります……」

ホスピスに入るということは、すでに最終段階にきてしまっているということです。頭のなかが真っ白になりました。

「しゃああらへんわね」

「吐血は、癌による食道静脈瘤破裂です。原発巣はまだはっきりしていませんが、大腸か、胆管か、肝臓。そのあたりで、かなりひどい状態です。転移も見られます」

検査結果を知らされた主人はびっくりして、

「嘘やん」

と、ひとこと言いましたが、取り乱すことはなく「薬は効きますか」と尋ねました。今の医学では平尾さんのこの病気、この状態に効く薬はありませんと告げられると、「わかりました」と冷静に答えていました。余命の話は出ませんでしたが、主人は察していたと思います。

そのまま入院することになりました。主人の様子は普段どおりでしたが、二人で病室に移ると、ラグビー日本代表監督だった宿澤広朗《しゅくざわひろあき》さんのことを口にしました。宿澤さんは一九八九年春に代表監督に就任すると、すぐに主人を主将に指名しました。そして、その年の五月二十八日、日本代表は秩父宮《ちちぶのみや》ラグビー場でスコットランドを二八対二四で破ります。このテストマッチの勝利は、日本ラグビー史上に輝く快挙と言われました。一九九一年の第二回ラグビーワールドカップでも、日本はジンバブエ相手に初の一勝を挙げました。宿澤さんと主人のコンビは「ゴールデンコンビ」と称《たた》えられましたが、二〇〇六年六月、登山中に心筋梗塞の発作で若くして亡くなったのです。

「宿澤さんが亡くなったのは五十五歳で、早いなってその時思ったけど、僕のほうが早いんや。昔から歳をとった自分の姿を想像することができなかったから、それはやっぱりこういうことなんやと思うわ」

主人はそう淡々と話していました。

そこへ病院の先生がいらして、「平尾さん、今の心境はいかがですか」とおっしゃいました。主人はこの時も淡々と、

「うーん、しゃああらへんわね（仕方ないですよ）。（癌に）なってしまったんだから」

と答えました。

「さすが平尾さん、すごいです。普通は皆さん狼狽《ろうばい》しますよ。さすがですね」

と、先生はおっしゃいました。

そのあと、これから治療をどうしようかという話になりました。

神戸にある別の病院にも神戸製鋼のチームドクターがいらしたため、検査結果の情報は、地元の病院からそちらへすぐに伝えられたようです。専門医が検査データを見に来てくださいました。病室にも来られて、「薬はいくらでもありますよ」と、私たちを安心させようとしてくださいました。

とにかく一刻も早く手を打たなければいけないということで、治療に関するいろいろなことが進みはじめていました。

その日の夕方、主人と私は二人で病室にいました。病室のカーテン越しに射す西陽に照らされた主人の横顔を、私はずっと見ていました。

告知された翌日、主人は考えた末に、

「山中先生にちょっと相談するわ」

と、電話をしていました。癌であることを告げたのは、山中先生が初めてです。それほど先生のことを信頼していました。

私は主人の電話の時には必ず席を外すことにしているので、どんな話をしたのかはわかりませんが、先生は外出先で主人の話を聞いてくださったということです。

「僕は試されてるのかもしれへん」

翌日、山中先生は出張の帰りに直接病院に来てくださいました。にこやかに病室に入ってこられると、

「家内から、『あんたが頼んだサンマのせいで、平尾さんに迷惑かけたやないの』って言われてしまいましたわ」

と、笑っていらっしゃいました。いろいろな雑談をしましたが、主人をリラックスさせるために、始終にこやかにしておられました。主人にもそれがわかっており、普通に笑いながら話をしていました。

山中先生は明るくされていましたが、病室に入る前に主人の検査結果のデータを全

部ご覧になっていたはずで、心中はとても大変な状態だったと思います。なごやかな表情とは裏腹に、先生は両手を固く握りしめて話されていました。その姿を見て、厳しい現実をあらためて認識せざるを得ませんでした。

そのあと私と二人で話した時に、「新しい癌の治療法で免疫療法というものがあります」と、最初から免疫療法を試みる方向を示してくださいました。「治療先としてアメリカも考慮に入れます」ともおっしゃいました。

地元病院にはしばらく入院し、食道静脈瘤破裂の治療として、絶食をして輸血や点滴を受けていました。

ちょうどラグビーワールドカップ・イングランド大会が開催される直前で、テレビの解説の仕事が前々から決まっていた主人は、「仕事に行きたい」と意欲を見せました。けれど、病院を出る時からテレビ局に入るまで、新幹線での移動中もずっと医師が付き添って点滴を受けながらでなければ行かせることはできないということで、大変申し訳なかったのですが、仕事はキャンセルしました。

主人が電話でキャンセルの理由をどのように説明したのかわかりませんが、おそらく胃潰瘍《いかいよう》だと言っていたと思います。癌であることは、主人の立場上どうしても話さなければいけない方以外にはごく親しい人にも話さず、対外的には胃潰瘍と言っていたようです。伏見工業高校時代の恩師である山口良治先生にも、そう伝えたと聞きました。

その頃のことで印象に残っているのは、主人が昔読んだ『男の切れ味』（小堺昭三著）という本の話です。その本には、「電力の鬼」と言われた松永安左エ門《やすざもん》氏◆注1の言葉として、「倒産、投獄、大病を経験しなければ一人前の経営者にはなれない」と書かれていました。私が山中先生にその話をしたら、

「恵子さん、僕もその本を読みました」

と先生がおっしゃいました。あとで主人にその話をすると、

「だから今、こういう大病を経験して、試されてるのかもしれへんね」

と言いました。

◆注1　松永安左エ門
一八七五～一九七一年。日本における電力の普及と振興に努め、産業・経済発展の礎《いしずえ》を築いた実業家。「電力の鬼」「電力王」と呼ばれ、産業界や政財界に多大な影響を与えた。

ナイスガイ

「けいちゃん、山中先生はすごいナイスガイやった。素晴らしい人やで！」

山中先生と「週刊現代」で初めて対談をさせていただいた夜、主人は上機嫌で帰ってくると、私にこう言いました。

対談前には、

「今度、この人と対談するんよ。山中先生に失礼なことがあったらいけないから」

と、あらかじめ編集部から送られてきていたiPS細胞の特集番組のDVDをじっくりじっくり観て、知識を頭に入れていました。

実際にお話をしてみると、対談はなごやかに進んで笑いが絶えなかったようです。共通の知り合いが何人もいるとわかったこと。神戸大医学部のラグビー部で山中先生のチームメイトだった方が、高校時代の試合で伏見工業高校と対戦し、主人にタックルを簡単に抜かれて大ショックを受けたこと。その方は真剣にラグビーをやっていたのだけれど、自信を失ってラグビーで身を立てることを諦め、今は立派なお医者さまになっていること……。そんな話を楽しそうにしてくれました。

対談の翌週だったと思いますが、山中先生から連絡があり、「食事をご一緒しませんか」と誘われた、と言っていました。

それまで主人は対談などで多くの方とお会いし、素晴らしい人だなと感銘を受けた方はいたのですが、自分のほうから誘うことはまずないので、一期一会になってしまうことがよくありました。

そこへ、またお会いしたいと思っていた山中先生からの食事のお誘い。主人は喜んで出かけていき、それから二人は急速に親しくなっていきました。

ノーベル賞受賞前夜

しばらくすると、夫婦一緒に、あるいはお互いの子供たちもまじえて、食事をするようになりました。主人はそういうことをあまりしない人なのですが、

「けいちゃん、山中先生は本当にいい人なんよ」

と、私のことも誘ってくれるようになったのです。

山中先生がノーベル賞を受賞されたのは、二人が出会って二年後のことですが、そ

初対談のあとに行った京都の料亭にて。
二人ともお酒が入り、話が弾んだ

の前夜も、たまたま、ある食事会に夫婦で同席していました。山中先生も奥様の知佳さんとご一緒でした。

初めての対談の頃から、すでにiPS細胞のニュースは毎日のようにメディアを賑《にぎ》わせていて、毎年、山中先生がいつノーベル賞を受賞されるかという話題でもちきりでした。この夜も当然その話題になり、「発表は明日やないですか」と皆さんが口々におっしゃいましたが、山中先生は、

「ずっと候補に挙がりながら受賞されていない方が何人もいてるんです。ノーベル賞って、そういうもんなんですよ」

と、飄々《ひょうひょう》としておられました。

この食事会が二〇一二年十月七日の日曜日。ノーベル生理学・医学賞の発表があったのは、翌八日の午後六時半頃（日本時間）です。

いつかは必ず受賞されると思っていましたが、昨日の今日のことなので、山中先生が受賞されたことをニュースで知り、主人も私もびっくりしました。

主人は自分のことのように喜びましたが、受賞直後はものすごい数の電話がかかってきていろいろなことで忙殺されるはずなので、しばらく連絡は控えました。

ノーベル賞の晩餐会に向かう山中氏と知佳夫人

「僕らもお祝いをしよう。何がええかな」

二人でお祝いを考え、私のアイデアでクリストフルのシルバーのペアのお箸にノーベル賞の受賞日を入れたものと、同じクリストフルのブックマーカーにご家族の名前を入れたものをお贈りしました。

「先生、そろそろ飯でも食べに行きませんか」という感じで主人のほうから電話をさしあげ、二人で食事に出かけたのは、受賞から何日も経ってからだと記憶しています。

二人の距離を一気に縮めた出来事

ノーベル賞を受賞されたあと、山中先生のお人柄を感じる出来事がありました。

神戸製鋼の関係者から主人のもとに、「山中伸弥先生に講演をお願いしたい。平尾君、頼んでくれないか？」と依頼があった時のことです。普段の主人ならまずお断りするのですが、とても親しい方からの依頼だったこともあり、

「わかりました、訊くだけ訊いてみます。でも九九・九パーセント無理ですよ。なに

しろ、いま世界一忙しい人やから」

と答えました。

しかも、依頼があったのは講演の直前でした。実は、違う方が講演すると決まっていたのですが、日程に間違いがありできなくなったという事情があったのです。

「これは頼みづらいなぁ」と言いながらも、主人は山中先生に電話をしました。

「先生、断ってくださいね。断ったって僕に迷惑かかることないですから。でも、一応日程を言いますわ」

すると山中先生は、

「平尾さん、その日、空《あ》いてますわ。行かせていただきます」

と言ってくださったのです。

ノーベル賞受賞後の多忙な時期に、急な講演の依頼など普通なら簡単に断れることです。実際に先生は、この種の依頼はほとんど断っているとおっしゃっていました。それなのに、わざわざスケジュールを調べて快諾してくださった先生のお人柄に、「ここまでの人なんや」と主人は感じ入り、

「けいちゃん、普通、これは断るで。勉強になるわ。自分も初心に戻れる」

と言いました。

人にはそれぞれの環境があり、いろいろな都合や事情もあるから、「このぐらいの頼まれごとなら断ろうか」と思うことが誰にでもある。そんな時でも、山中先生は誠実に対応してくださった。もちろん、仲の良い自分の頼みだからということもあるだろうが、これはなかなかできることではない。自分も人に対して誠実に生きているつもりだけれど、山中先生の人柄に接して、改めて誠実であることの大切さを痛感した――。主人が言う「初心に戻る」とは、こういうことでした。

この出来事で、二人の距離は一気に縮まったように思います。

ボスザルの三つの条件

主人の死後、山中先生が「感謝の集い」の弔辞《ちょうじ》で述べられた「人を叱る時の四つの心得」は、二〇一五年四月の食事会で主人がお話ししたことです。大阪のあるお鮨屋さんで、その時は知佳さん、私と娘も一緒でした。

この話には続きがあります。

「人を叱る時の四つの心得」を先生がとても喜ばれたので、

「先生、ボスザルの条件っていうのもあるんですよ。知ってますか？」

と、主人が話しはじめました。

「親の愛情を受けて育った。雌ザル子ザルに人気がある。離れザルになるなどの逆境を経験している。ボスザルになる条件って、この三つなんですよ」

山中先生は一つひとつの条件に「ふん、ふん」と頷《うなず》き、「ああ、そうなんですか」と真剣に聞いておられました。

主人は、その年の三月に出版したばかりの自著『求心力　第三のリーダーシップ』（PHP研究所）の話もしていました。

「先生、ちゃんとこの本、読んでます？」

「いや、読んでないです。でも平尾さん、それは誰でも読めるから。僕は会って平尾さんから直接話を聞くのが好きなんです。本じゃやせえへん話がいっぱいあるでしょ」

二人は、笑いながらこんな話をしていました。

小さなカウンターを借り切って、大きな声で笑っていました。

駆け引きのない関係

山中先生と主人は同じ学年です。対談で初めてお会いした二〇一〇年の秋、すでに誕生日を迎えられていた山中先生は四十八歳、主人は四十七歳。一般的にいえば「いい歳をした大人」で、それぞれ仕事のフィールドでしっかりと足跡を残してきていました。

その二人が仕事の対談で出会い、急速に仲良くなり、家族ぐるみの親友のようになっていったのです。こんなことは普通、なかなか起こり得ないのではないかと思います。

ことに主人は、先ほども申し上げたように、仕事で知り合った方を自分から誘うことがあまりなく、山中先生と急速に親しくなっていったことは、ある意味、信じられないようなことでした。

何が主人をそうさせたのでしょう。

まず、あちらに壁がなかったのだと思います。

山中先生は、ある意味では無防備というか、本当に子供のように純粋な方です。

「大人の付き合い」には駆け引きもあると言われたりしますが、山中先生の言動には駆け引きなど微塵《みじん》もない。そういうところに、グーンと主人は惹《ひ》かれたのだと思います。

二〇一四年の大晦日《おおみそか》、たまたま『紅白歌合戦』を見ていたら山中先生が審査員をされていることに気づき、主人は「審査員なんかできるんかいな」と、ケラケラ笑っていました。

後日お会いした時に、紅白歌合戦の審査員をなさったことが話題になりました。山中先生が、「松田聖子さんと目と目が合ったから紅組に入れました」と言うのを聞いて、「やっぱりなぁ〜。実は先生、ミーハーでしょう！」などと、好き放題なことを言って、なごやかで楽しい食事会になりました。

勝負の世界にいる主人にとって、そんな楽しい駆け引きのないお付き合いが、とても大事だったのではないか、と私は思います。

そして、誰に対しても誠実で礼儀正しい山中先生のお人柄。ご自身は「そんなことありません」とおっしゃいますが、たとえば学内の駐車場で交通整理をしている方にも、いちいち「ご苦労様です」と言って頭を下げるのです。主人はクールに見えて、実はとても気を遣うタイプなので、そういう人間性にも共感したはずです。

研究者のなかには苦労知らずの方もいると聞きますが、山中先生はiPS細胞の誕生に至るまでに、ずいぶんご苦労もなさっています。そういうところにも、主人は惹かれたことでしょう。

先生に誘われて食事に行く先は、気取らない居酒屋のようなお店で、それも心地よかったのだと思います。

何より、二人とも心からラグビーを愛していました。主人の影響でラグビーを始められた先生は、「平尾さんは僕の憧れの人」と、いつも言ってくださいました。主人がそれを自慢することはありませんでしたが、心の中ではやはり嬉しかったのではないかな、と思います。

二人だけの食事、仲間とのゴルフ、家族ぐるみのお付き合いを重ねるにつれて、山中先生と主人の結び付きはどんどん深まっていきました。

そして、主人の闘病生活が始まってから、二人の心がどれほど強く結び付いているかを、私たち家族はあらためて知ることになったのです。

抗癌剤治療の開始

二〇一五年九月二十八日、神戸市内の病院に入院して抗癌剤の投与を初めて受けました。

それまでに山中先生とこの病院の関係者が治療についてかなり深く調べてくださり、「今の状況ではこの治療が最善です」とおっしゃったからです。先生は主人の病状をすべて把握していましたので、主人も私も安心してその言葉に従いました。

山中先生は、常に私たちの気持ちを汲《く》み、自分が同じ病気になったら誰に診てもらうだろうか、自分や家族が同じ病気になった時にベストな選択は何か、ということを考えて治療法を選択してくださいました。

告知をされて治療法を考えていた時の山中先生の言葉が心に残っています。

「今の状況は、試合後半で相手にリードを許しているような感じです。でも、平尾さんはそこから何度も逆転しましたよね。……肝心なのは生きる力だと思います」

治療は日帰りの通院で可能でしたが、大事をとって定期的に三泊ほど入院しながら治療を受けました。

初めて抗癌剤の投与を受けた日の夜、病室から見たスーパームーンがあまりにきれいだったので、主人が「散歩に行こう」と言い、二人で病室を出ました。

願いごとが叶《かな》うと言われるスーパームーン。主人は「けいちゃんがずっと幸せでいられるように」と茶目っ気たっぷりに言いました。

こんな時でさえ、普段と変わらない主人。私たちは秋の空気を感じながら、じっと満月を眺めていました。

その頃はまだ主人は講演や対談などの仕事を時々しており、十月のある日には、

「こんな時に日本医師会の会長さんと対談があるんや。『平尾さんは健康に気を付けているでしょう？』と訊かれたら、今の健康的な生活を正直に言えるな。胆管癌で死んだら話にならんわー」

と、笑っていました。

闘病中、主人はいつもこんなふうに自然体でした。ネット上に溢れている玉石混《ぎょくせきこん》淆《こう》の癌治療情報のたぐいも、いっさい見ようとはしませんでした。

ただ、その年の九月に自分と同じ肝内胆管癌で亡くなられた女優の川島なお美さん

の特集を、テレビでぼんやりと見ていたことがあります。私はドキッとし、一瞬、テレビを消そうかなと思いましたが、「動揺しているようでおかしい」と思い直し、そのまま一緒にテレビを見続けました。二人とも無言でした。

十月下旬には、アメリカの大学に留学中の息子が、主人の病状を心配して突然帰国しました。啞然《あぜん》としましたが、本当に嬉しかった。息子は私たちを気遣って、日本の大学に編入することも考えていたようですが、

「パパは大丈夫や。初志貫徹。万が一のことがあったとしても、男なら親の死に目にあえると思うな」

という主人の言葉に、今の大学を卒業してから日本に戻る決心をし、アメリカに帰っていきました。

抗癌剤による副作用で体のだるさなどはあったでしょうが、今にして思えば、仕事もこなしていたこの時期は、まだまだ元気でした。

「二十四時間いつでも連絡をください」

山中先生は忙しいお仕事の合間を縫うようにして、何度も病室に来てくださいました。

いつも旅行バッグをお持ちだったので、出張の行きや帰りに空港や新幹線の駅から直行してくださったのだと思います。「このあと海外へ行くんですよ」とおっしゃることもありました。ちょっとでも時間ができたら会いに来てくださるという感じで、海外出張がある時には、

「しばらく来られませんが、二十四時間いつでも連絡をください」

と言ってくださいました。

病院にみえる時は、「今日、行きます」「何時頃に伺います」と事前に連絡があります。それを主人に伝えると、「ああ、先生忙しいのに、申し訳ないな」と、よく言いました。

その頃にはお互い遠慮せずになんでも言い合える関係になっていましたが、先生が病室に入ってくると、

「先生、いらっしゃい。いつもすみません、忙しいのに」

と、必ず言うのです。でも、その顔はとても嬉しそうでした。

病室では、山中先生が明るく楽しい話をし、主人が笑っているのが常でした。

地元の病院に入院していた頃、ラグビーワールドカップで日本が強豪・南アフリカに勝った直後には、本当に明るい顔で病室に入ってこられ、

「こんなこと、あるわけないですやん」

と嬉しそうに言い、

「平尾さん、頑張りましょうね。次のワールドカップは日本やし、絶対に一緒に観に行きましょう」

と、おっしゃいました。

ベッドの上で起きていた主人はそれには答えず、ただ笑っているだけでした。その時にはすでに、覚悟を決めていたのだと思います。できない約束はしない人だから、こんな時でもそうなんだ。きれいごとじゃないんだ——と、胸を衝《つ》かれました。

そんなこともありましたが、山中先生が病室に入ってこられると、ぱっと空気が明るくなるのです。神戸市内の病院で抗癌剤を投与していた時には、毛髪への影響がな

かったことを、

「平尾さんは髪の毛フサフサだから、ぜんぜん問題ないですよ。もともと髪の毛が多くてよかったですね。僕だったらもう大変ですよ」

と、いつもの〝自虐ネタ〟で笑わせてくださいました。

治療法を巡る迷い

いつも明るくお喋りされる山中先生でしたが、病気のことについては、「今は本当にいろんな治療法があるんですよ」といった話だけで、病室ではあまり深い話はされませんでした。けれど、私とのメールのやりとりでは、治療のことでずいぶん相談に乗っていただきました。

癌の治療法は、最先端の医療から民間療法までさまざまで、情報量は膨大です。癌患者やその家族は、まず情報量の多さに当惑し、そのなかからどの方法を選べばよいか、非常に悩みます。この治療は効くだろうか、あの民間療法のほうがひょっとしたらいいのではないかと、藁《わら》にも縋《すが》る思いで考えるうちに、出口のない迷路に入り込んでしまう方もいるといいます。

私も、迷いながら何かできることはないだろうかと考え、たくさん出ているサプリメントや民間療法について山中先生にメールで伺ったことがあります。すると、「専門外のことなので僕にはよくわからないから調べます」と、お返事をくださいました。

後日、「返事が遅くなってごめんなさい」という言葉とともにメールが届き、「いろいろと調べた結果、科学的な根拠はないようです。今はこの選択がベストです。自分が癌になっても、家族がなっても、僕はそうします」と、アドバイスしてくださいました。ご自身の研究でやらなければならないことは山ほどあるのに、主人のために時間を割《さ》き、何人もの専門医から話を聞いてくださったに違いありません。

また、主人の食事のことで先生から注意を受けたこともありました。

今の書店には、「〇〇を食べれば癌が治る」といったたぐいの本がたくさん売られています。私と娘は、そうした本を何冊も買い込んで読み漁《あさ》り、野菜を中心とした食事で主人の癌を治そうとしたのですが、山中先生はこうおっしゃいました。

「それも科学的根拠はありません。人間には塩分も必要だし、この病気の患者さんは絶対に痩せていくので、野菜だけでなく肉や魚もしっかり食べさせてください」

私たち家族が悩んでいるのを知っている先生にとっては、とても言いにくいことだったと思います。

後日、先生はこのことで夫婦喧嘩になったとおっしゃっていました。奥様の知佳さんから、

「なんでそんな言い方をするの？　オーガニックの野菜は手に入りにくいのに、恵子さんたちがどんな気持ちでそれを買って調理しているか、考えたことがあるの？」

と、叱られてしまったというのです。そして、こう言葉を続けられました。

「平尾さんの病気を知った時に、僕は号泣しました。声を上げて子供みたいに泣きました。そんな僕が、平尾さんを治したい一心で思い直したんです。絶対にこの病気に勝ってやる、自分の全力をかけて治してあげようと。その僕が言うことを聞いてください」

この言葉に、優しく頭をガツンとされて目が覚めました。自分でも気付かぬうちに周りが見えなくなっていたのです。愛情溢れるアドバイスは私たちにはもったいない

ほどで、頭と心でしっかりと受け止めることができました。主人にも、病と闘う大切な体に食事制限をしたことを素直に謝り、そのことを知佳さんにメールで報告しました。

山中先生ご夫妻とのこうしたメールや電話のやりとりは、頻繁にありました。知佳さんも皮膚科のお医者さまで、聡明で思いやりがあり、とても明るい方です。彼女の前向きな言葉にも、どれだけ救われたかわかりません。

山中先生は常に、患者や家族の目線から目の前の問題を考え、「自分や家族が癌になったら」ということをしきりにおっしゃいました。

そして、治療のことで相談をする時に、私が「お忙しいのに申し訳ありません」「心配をおかけしてごめんなさい」「お手数をおかけしてすみません」と書くと、返信にはいつもこう書かれていたのです。

「本当にそれは言わないでください。一緒に闘えて幸せです」

その言葉に、涙が溢れてくることもたびたびでした。

「治験」に挑む

二〇一五年十月二十五日、大阪の病院に転院し、十一月下旬から免疫療法の治験が始まりました。イギリスの製薬会社が開発した薬で、被験者として主人のような癌患者を募集していたようです。

当初から山中先生がおっしゃっていた免疫療法がようやく始まったわけですが、ここに至るまでにはいくつものハードルがありました。

まず、この治験は日本では六人しか受けることができず、受けるに際しても、いろいろと厳しい規定がありました。

幸運なことに、数値的にもタイミング的にもうまく条件に嚙み合ったため、六人限定の治験に入ることができました。十月二十四日、私たち夫婦と娘、それに山中先生の四人で大阪の病院に行き、担当の先生から治験について説明を受けました。

翌二十五日に主人は入院して、十一月から治験が始まることになりました。

ところが、「免疫療法を始める前に家に帰りたい」と主人が言うのです。土日には治療も診察もないため、「家に帰って神戸製鋼の試合を分析しなければ」と。

そこで金曜日の夜にいったん帰宅したところ、胆管炎を発症して熱が出てしまいました。その頃から少しずつ、そういう悪い症状が出はじめていました。

病院に戻り、ようやく熱も下がりました。しかし今度は、いざ治験をするという日の朝に血液検査をすると、白血球や血小板の規定の数値をクリアできないという日が続きました。

主治医の先生は、「体勢を変えたら血小板の数値が濃く出るかもしれない」「ちょっと水を飲めば血液が薄まっていいかもしれない」と、本当に一生懸命に考えて採血してくださいました。それでも、昨日は治験を始められなかった、今日もだめだったと落ち込む日々が何日か続き、もう治験に参加できないかもしれないと、私と娘は不安になっていきました。

そんな時でも主人は明るく、「昨日まではよかったのに、もう、なんでやねん」などと言いながら講演の仕事に行ったり、ラグビーの試合を観に行ったりしていました。癌そのものの痛みも、あまり口にすることはありませんでした。

何日かして血液検査をクリアでき、予定より少し遅れた十一月下旬から、ようやく治験が始まりました。けれど、その治験も何回かやって血液検査の数値がよくならないと継続できなくなるというルールがあります。

一回目は血液検査の結果がとてもよく、山中先生は「もう効いている」と思ったそうです。でも、それは主人の免疫力が高かっただけらしく、後日のCT検査では腫瘍は大きくなっていることが判明しました。山中先生は、

「CTは影を見ているだけなので、血液検査の結果のほうが信頼できるのでは。前向きに考えましょう」

と励ましてくださいました。

ただ、主人は、「そんな簡単なものではない。期待しすぎてはいけない」と私には言っていました。冷静にとらえていたのだと思います。

主治医の先生に呼ばれ、治験を続けるかどうか話し合いました。その時も山中先生が一緒でした。山中先生は「続けましょう」と言い、主人も「続けたい」ということで、二回目の治験を受けることになりました。

もしも治験の結果が悪かった場合には、自費で別の免疫療法の薬を使うことができるかもしれないと山中先生から教えていただきました。

その薬は、京大医学部の本庶佑教授の研究チームが開発されたニボルマブ（商品名

「オプジーボ」、小野薬品工業が販売している）というものです。自費での治療なら治験のように難しい規定をクリアしなくてよいのですが、それでも病院の倫理委員会の承認を得ないといけません。しかも、治療費はかなり高額になるとのことでした。◆注2

◆注2　「オプジーボ」の薬価
当時「オプジーボ」の薬価は一〇〇㎎で七二万九八四九円、一年間使用すると約三五〇〇万円になった。海外での一〇〇㎎の薬価は、イギリスが約一四万円、ドイツが約二〇万円、アメリカが約三〇万円で、日本と海外で薬価が著しくかけ離れていることが指摘され、二〇一七年二月一日に日本での薬価は五〇％引き下げられた。

先生の奥様にも助けられて

大阪の病院でも、山中先生は主治医から大事なお話がある時には必ず来てくださいました。診察の時も、「今日、診察日ですよね。行きます」と連絡をくださり、恐縮した主人が、

「いや、もう先生、そのほうが目立つから来んといてください」と言うことが何度かありました。それでも先生は「気になるから行きます」と言うのです。

ご自宅が大阪で近いということもあったでしょうが、朝の六時といった早い時刻にも病院に来られて、主治医の先生といろいろな話をされていたようです。

奥様の知佳さんも、「病室で付き添っていると外食やコンビニ食ばかりになっちゃうから」と、私のためにわざわざ手作りのお弁当を持ってきてくださいました。「これで元気出してね」と渡されたお弁当は、味噌汁が保温容器に入れられ、サラダには保冷剤がつけてありました。奥様は多くのことはおっしゃいませんが、私たち家族の心に寄り添ってくださり、娘ともども本当に感激しました。

免疫療法の治験が始まる前に、私と娘は東大阪の石切《いしきり》神社に治療の成功を祈願し、月に一度のペースで半年間、お百度参りをしていました。この神社は古くから腫物《はれもの》を治す神様として有名で、「でんぼ（関西弁で「腫物」の意）の神さん」とも呼ばれています。

お百度参りのことを山中先生に話すと、

「石切さん、ご利益《りやく》ありますよ。僕ら、毎年そこに初詣に行ってます。あのあたりは僕の生まれ育った町なんです。これもご縁ですね」

とおっしゃいました。

先生から話を聞かれたのでしょう。年が明けると知佳さんからも、

「石切神社に初詣に行ってきました。免疫療法が効くようにお祈りしてきました」

と、メールが届きました。

こうして山中先生ご夫妻に支えていただきながら、二〇一六年を迎えたのです。癌宣告を受けた時「年は越せない」と言われたけれど、新たな治療を受けて頑張っている。いつかどこかで薬が効くんじゃないか――。

私たち家族はそう信じていました。もちろん主人も同じです。最後まで、その思いは変わりませんでした。

娘の涙

二〇一六年二月には、神戸のロータリークラブで山中先生と主人のトークイベント

がありました。主人の病気が見つかる前に頼まれていたことで、次のラグビーワールドカップ日本大会で神戸が会場の一つになったこともあり、ラグビー経験者の山中先生と一緒に話をしてほしいとのことでした。

その頃は免疫療法の二回目の治験を受けており、トークイベントが始まる前、先生は主人に「これでよかったですか？」と確認されたようです。

というのも、一回目の治験で腫瘍が大きくなっていたため、私は「悪くなったのでは？」と心配になり、一瞬ですが、「二回目はやめたほうがいいのでは？」と思ったことがあったからです。先生はそれを察して確認されたのでしょう。あとで主人から、

「僕も先生も、治験を続けたいということで意見が一致したから、けいちゃん、やっぱりこれでよかったんや」

と言われました。また、先生はお嬢さんの恋愛話もしたそうです。主人は、

「うちの娘もそうやったけどね、自分で結婚相手を見つけてくるって、先生、素晴らしいやないですか」

と話したと言っていました。

主人も山中先生も一致して希望した二回目の治験でしたが、血液検査の数値はよくならず、ついに打ち切られることになってしまいました。主治医の先生が声を詰まらせてそのことを話されると、主人は言いました。

「先生、気にせんといてください。僕は自業自得ですから」

「平尾さん、そうではありません。病気は人を選びません」

そんなやりとりのなか、気丈な娘が初めて診察室で大粒の涙をぽろぽろこぼしました。

その報告を山中先生にすると、

「勝負はこれからです。まだまだ負けません。持久戦になりますが、みんなで支え合って頑張りましょう」

というお返事をいただきました。

その頃には、主人の遺伝子検査の結果が出ていました。地元の病院に入院した直後から、山中先生は免疫療法を視野に入れており、二度目に病院にいらした時、「費用はかなりかかりますが、遺伝子検査を受けましょう」と提案されていたのです。

免疫療法の効果は癌の特性によって違うため、患者の癌細胞や免疫細胞にある遺伝子から癌の特性を調べて、治療効果を予測する必要があるということです。主人の場合、肝生検で癌組織の一部を採取して、癌がどういう状況か、免疫療法が効くか効かないかを詳しく調べていました。

その検査結果には、主人の癌に合う薬があると記されていました。「嬉しくて嬉しくて、早く報告したかった」と飛んできてくださった先生と、私は大阪の病院のロビーで手を取り合って喜びました。

山中先生は、その薬を使えないか主治医に訊いてくださいました。

しかし、アメリカで治験段階の薬で日本では使えないということで、結局、その薬を使うことはありませんでした。

みんなで船旅をしよう

治験の対象から外れたのは二〇一六年の三月です。

「いよいよ選択肢が少なくなってきたな」

と、主人は呟いていました。

四月からは大阪の病院に通院しながら二種類の抗癌剤を併用し、いよいよサードラインの治療（最後の治療）を始めることが決まりました。

そして、四月に入り、主人が「船旅がしたい」と言い出しました。

「船だからあちこち移動しなくていいし、船の中でカジノもできるやん。いい考えだと思わへん？　もしそれに行けたら、すごい自信がつくから行きたいな。けいちゃん、そういうクルーズないの？」

「本当に行くんですか？」

「行けるで」

調べてみると、五月四日から八日までのショートクルーズがありました。主治医の先生に伺うと「いいですよ」とおっしゃったので、主人と私と娘夫婦の四人で申し込みました。

この計画は「家族のための思い出づくり」などではなく、とてもポジティブなものでした。楽しいことを考えるのが好きな主人の表情は明るく、感傷など微塵もありませんでした。私には言いませんでしたが、「ちょっとお酒も呑んでやな……」と娘にいました。

山中先生にはなんでも報告していたので、旅行の話をすると、「わー、それいいですね」と賛成し、「酔い止めはこういうのがいいですよ」と、いろいろ教えてくださいました。

主人は、この旅行をとても楽しみにしていました。

主治医の先生は、「僕は諦めませんよ。しつこいです」とたびたびおっしゃるほど頑張ってくださいました。

ところが、四月半ばからどんどん体調が悪くなってしまったのです。四月末には、少量ですが吐血して朦朧《もうろう》としてしまい、急遽《きゅうきょ》、再入院しました。吐血は食道静脈瘤が再び破裂したためで、肝硬変にもなっていることがわかりました。二つの抗癌剤を併用してから、画像では肝門脈の癌が小さくなっていたのですが、副作用がとてもきつく、逆に体はどんどん弱っていったように思います。

主人はほとんど意識がなく、酸素吸入をしてベッドに横たわっていました。

「もう無理です。あと二、三日しかもちません」

息子を帰国させるように、そして会いたい人には会わせるように言われました。

延命治療はいっさいやめてほしいと主人から言われていたので、それはしませんと主治医の先生にお話ししました。

アメリカから帰国直後だった山中先生は、すぐに知佳さんと一緒に駆け付けてくださいました。

山中先生はお父様を肝硬変で亡くされており、駆け付けた時には顔色がありませんでした。しばらくは病室に入ってくることもできず、外に立ち尽くしていました。

知佳さんはこういう時でもポジティブで、主人が少し吐血したこともご存じだったので、

「最短で静脈瘤の手術ができたからよかったですね。これですぐよくなりますよ」

と、明るくおっしゃいました。

山中先生がいらしたことがわかったようで、主人は酸素吸入をしたまま、

「ああ先生……すいません……。大丈夫です」

と言いました。

嬉しいことに、帰国した息子が病室に駆け込んできた時には主人の意識はしっかりしていました。何が起きたのか主治医にも誰にもわかりませんが、息子が日本に向か

っている十二時間ほどの間に劇的に回復したのです。その翌日、血液検査を受けると驚異的な回復ぶりで、いくつもの数値が好転していました。

「奥さん、これはいけます。退院はできないかもしれませんが、でも、二、三日ではなくもっと頑張れるかもしれない。だから精一杯、治療をします。治療できます」

と、主治医の先生がおっしゃいました。

その治療とは癌の治療ではなく、今、元気になるための治療です。体が弱った状態では別の抗癌剤を使えないこともあり、ステロイド（副腎皮質ホルモンの一つ）を使った治療を受けることになりました。

状態が落ち着いた主人は、楽しみにしていたショートクルーズへの望みを捨てず、

「その時までに退院できるかもしれへん。おしゃれなハットを買ってきて」

と、娘に頼みました。抗癌剤の副作用で髪がかなり抜けていたのです。

娘が買ってきた帽子を、ウィッグを着けた頭に被《かぶ》り、「ええんじゃない？」と言っていましたが、もちろんショートクルーズは中止になりました。

髪の毛は全部抜けると主治医の先生に言われていたので、仕事もいったんお休みすることにしました。もとから予定は入っていなかったのですが、もし髪の毛が抜けな

いと言われていたら、主人の性格から考えて仕事を入れていたと思います。

世界初の治療に挑む

主人の回復ぶりは本当に奇跡のようで、「退院できるかどうかわからない」と言われていたのが、五月には退院し家に帰ってくることができました。

それからは、大阪の病院に通院してステロイド治療を受けながら、別の病院で中心静脈栄養も行うようになりました。

主人にはステロイドがとてもよく効き、家で元気にしていました。入院したあとなので筋肉がだいぶ衰え、歩くのもしんどい状態になっていたため、「早く社会復帰しないといけない」と外を歩いたり、息子に手伝ってもらいながら居間で足や肩の筋トレをするなど、リハビリも始めました。

食事も元気にとれるようになりました。抗癌剤の影響でかなり前から味覚が鈍ってはいましたが、それでもおいしいものを探しては「うまい、うまい」と食べるのです。「あと二、三日しかもたない」と言われたのは夢だったのかしらと思うほどで、家族にとって楽しい時間が流れていきました。

こうして主人が元気を取り戻すと、山中先生は次の癌治療として、京都の病院で「オプジーボ」を使いましょう、と提案してくださいました。最初におっしゃっていたニボルマブによる免疫療法です。

「恵子さん、どうでしょうか。僕の一存では決められないけれど、自分としては受けてほしい。恵子さんが受けたいとおっしゃるなら、一日でも早く受けられるように努力します」

私は、「ぜひ受けさせてください」とお願いしました。

自費での治療には莫大な費用がかかるため、なんとか治験に入れる道はないかと、山中先生は必死に考えてくださいました。私たちには何もおっしゃらないのですが、それは痛いほどよくわかります。しかし、治験には厳しい決まりごとがあります。

「先生にこれ以上、無理をさせちゃいけない」

ついに主人が言い出し、家族で相談して自費で治療を受けさせてくださいと主治医にお願いしました。山中先生抜きで治療について決断したのは、この時が初めてです。

山中先生はこのことを知ると何度も何度も、

「すみません、すみません」

とおっしゃいましたが、私たちからすれば、それまでのことだけで感謝してもしきれないほどです。アメリカの癌の専門家にも意見を聞き、日本で癌治療の専門家の集まりがあれば参加して、主人のために尽力してくださっていたのです。「今日、癌の勉強会に行ってきました。今の治療はやっぱりすごいですよ」と、よくおっしゃっていました。

この時も、ニボルマブを開発された京大医学部の本庶佑先生に直接お話を聞いてきて、治療に関して私たちに丁寧に説明してくださいました。先に述べたように、大阪の病院で免疫療法に用いたのはニボルマブと別種の薬です。その薬のあとにニボルマブで癌治療をした人は、現時点では世界でも皆無ということでした。

「この治療は世界初で、まだ誰もやったことのない治療だから、どんな副作用があるかわかりません」

先生がおっしゃると、主人は嬉しそうに言いました。

「そうか先生、世界初なんか。けいちゃん聞いたか？　俺ら、世界初のことやってるんや」

「暗証番号」に込められた思い

主人が意識不明の状態から生還し、家に戻って元気だった六月上旬のある夜のことです。主人は私と娘が寝ている部屋に入ってくると、

「けいちゃんが六月。早紀ちゃんが八月。パパはちゃんと誕生日プレゼントを考えてるからね。こんな体だから来年のことはわからないから」

そう言ったのです。

「何かはお楽しみや!!」と、楽しそうに話していました。

入院中には、こんなこともありました。

「けいちゃん、ちょっとお金をおろしてきて」

と主人が言うのでカードの暗証番号を訊くと、「02××」と言います。思いあたるふしのない数字だったので「02××ってなんの数字?」と訊くと、笑いながら、

「けいちゃん、覚えてないの? 僕たちが初めて会った日だよ」

夫婦の銀婚式記念に
家族全員で（2013年6月）

確かに、私たちは一九八四年二月のその日に初めて出会ったのです。

主人の死後、遺品を整理すると通帳類や貸し金庫などの暗証番号がすべて「02××」だったことがわかり、新たな悲しみがこみ上げてきました。

主人がどれだけ家族を愛していたか、家族のことを思っていたか——それは私たち家族がいちばんよくわかっています。病気になってからは、どこへ行くにも私と娘がいつも一緒でした。息子も、帰国している時は常にそばにいました。主人は、新婚の娘に対して「こんなに僕とばかり一緒にいていいのか？」と、娘の夫のことを気遣っていました。

主人が病気になって、家族の絆はいっそう強まりました。ラグビーでいえば、堅いスクラムのように。そこに山中先生と知佳さんが加わり、スクラムはさらに強固になりました。

自分より先生を心配した主人

六月十日、私たちは娘と三人で二十八回目の結婚記念日を迎えました。その日、主人と交わした会話に、病気のことはかけらも出ませんでした。

「よく二十八年ももったなぁ」

「飽き性な誠二さんがよく我慢できたってことね」

「いやいや、性格は悪ないけど、僕は気ままやからなぁ。けいちゃんはほんま気が長いわー」

確かに気ままなところはありましたが、主人との生活に不満を持ったことは一度もありません。闘病生活が十ヵ月となったこの時も、その思いは変わりませんでした。

六月十七日、主人と一緒に京都の病院を訪ね、新しい主治医の先生から説明を受けました。

自費の治療でも病院内の倫理委員会で許可を得る必要があります。一刻も早く治療を始めるため、山中先生はすぐに倫理委員会に諮《はか》ってもらえるよう手続きをしてくださいましたが、許可が下りるまでにはある程度の時間がかかります。その間に癌細胞が悪さをしないよう、弱い抗癌剤で凌《しの》ぐことにしました。ステロイドは劇的に効くけれど、ある日突然効かなくなるので長くは使えない、とのことで使用をやめました。

入院したその日に採血を受けると、前年の九月に地元の病院で検査した時の数値とたいして変わっていませんでした。つまり、血液検査上では悪くなっていないことになります。

「だから何かが効いている。それまでにいろいろな薬を使ったので、どれが効いているのかはわからないけれど、何かが効いているんです」

山中先生をはじめ、どの先生もおっしゃいました。

その言葉を信じて倫理委員会の裁定を待ちましたが、六月が過ぎても許可は下りません。倫理委員会では、一度目の免疫療法で薬が効かなかった患者に、新たに「オプジーボ」を投与して効くのか、ということが懸念されていたそうです。ステロイドをやめた主人は、体がずいぶんしんどくなってきており、山中先生もいつから治療が始まるか気を揉《も》んでいました。

七月五日、山中先生が会いに来てくださいました。主人はオキノームという痛み止めの薬を飲んでいたせいか、少しぼんやりしていましたが、先生がお帰りになったあと、

「先生、今日はなんだか元気なかったなぁ。どうしたんやろう。大丈夫かな」

と心配していました。

ようやく倫理委員会の許可が下り、七月末から二週間に一度、京都の病院に通院しながら「オプジーボ」を投与する治療が始まりました。

話題はいつも食べ物のこと

京都の病院への通院は、いつも主人と私と娘の三人が一緒で、息子が帰国している時には四人で行きました。行き帰りの車中では病気のことに触れず、話題は食べ物のことばかり。おいしいものを食べるのが大好きな主人は、

「今日は何を食べようか。せっかく京都に行くんやから、何かおいしいもの探してや」

と、いつも言うのです。

私と娘は、「肉は癌に栄養を与えてしまうそうだから食べてほしくない」と思っていたのですが、本人はまったくそういうことを信じていませんでした。むしろ、おいしいものを食べたら免疫力が上がると考えているようで、

「なんでやねん。じゃあ何を楽しみにしたらいいねん」

と、よく言われました。

主人は肉が好物で野菜が嫌いです。私たちが野菜中心の食事を出すと、

「なんでこんな鳥のエサみたいなもん食べなあかんねん」

と言ったりもしました。

神戸の病院に入院中の頃にしていた食事制限は、山中先生からの厳しくも優しいアドバイスで改めましたが、それでも、グルテンフリーの食材を最小限使ってみたり、主人が選んだ肉に脂がついていると「ああ……」と思ってしまったり。私の心はいつも揺れていました。

けれど、主人は自分が食べたいものしか食べません。私や娘が買い物に行くと脂身の少ない肉を買ってくるので、「俺が行かないとだめや」と言って何度かついてきたこともあります。そういうところはまったく普段どおりでした。

私を車に待たせておいて、息子と肉を買いに行くこともありました。

「これは脂がいっぱいあってうまいんや。けど、こんなん買ったらママに怒られるで」

と、一応は気にしていたようですが、「じゃあ、少なめにしとこうか」と、ちょっ

と脂が乗っている肉を選んだりしていました。

かなり痩せて首も細くなっていましたが、お洒落心は失わず、私や娘と一緒によく服も買いに行き、「こういうのやったら体型わかりにくいね」「ハイネックを着たら格好いいよね」などと言いながら服を選んでいました。

外食もよくしましたが、痩せてしまったため、それまで行っていたお店には行きづらくなりました。外出する時は帽子を被り、メガネをかけてマスクをしましたが、行きつけのお店だと平尾だということがすぐわかってしまいます。

ある時、行きつけの焼肉屋さんに久しぶりに行くと、すっかり痩せてしまった主人を見てお店の方がびっくりし、「早う元気になってや」と言われたことがありました。

本人はそういうことをほとんど気にせず、「いつものお蕎麦屋さん行こうや」などと言うのですが、私と娘は地元だと誰にお会いするかわからないので、新しいお店を探すようになりました。新しいお店でも平尾だと気付く方はいるかもしれませんが、以前よりかなり痩せてしまったことまではわからないだろうと思ったからです。

「ここ、ミシュランの星が付いているわよ」といったきっかけを作り、二〇一六年九月頃までは家族でいろいろなお店に行きました。

薄らいでいく意識

九月になると、主人は家の階段を上がることもつらくなってきました。でも、そんな時でもポジティブで、家のリフォームをしたいと言いだしました。階段はこうしよう、駐車場まではこうやって行けるようにしようなどとあれこれ考え、

「どう思う？　いい考えじゃない？」

と、娘に明るく話をしていました。主人は、生きるつもりだったのです。

一時帰国していた息子がアメリカに戻る時も、「次は冬休みに会おう」と言いました。

「日本まで十二時間だから、何かあったらいつでも呼んでくれたらいいよ」

と息子が言うと「ああ、わかった」と答え、握手をして別れました。その時は声もよく出ていました。

けれど、しだいに一日中寝ていることが多くなり、食事もだんだんとれなくなってきて、体調のいい日にアイスクリームを食べるくらいになってしまいました。私と娘は、「アイスクリームなら冷たくて口当たりがいいし、カロリーもそれなりにとれる

から」と、落ち込みそうな自分に言い聞かせました。

「オプジーボ」の効果を調べる血液検査の結果は悪くなったり、よくなったりで、主人はとてもしんどそうでしたが、「五月に意識不明から奇跡的に回復したのだから、まだまだ何か効くのではないか」と、私と娘は信じていました。

「たとえ癌がなくならなくても、一年一年延命していけば、そのうちにいい薬ができて寿命をまっとうできる。だから癌と共存して頑張ろう」という話を三人でしたこともあります。

「オプジーボ」を投与した体に放射線を当てると癌が劇的に小さくなる可能性があるということで、九月中旬から放射線治療のための入院をすることが決まっていたのですが、入院予定日の二、三日前から、夜に三九～四〇度の高熱が出るようになりました。

　朝になると熱は引くので、「胆管炎ではないようだから病院に行きましょう」と言いましたが、主人は「治ったからいい」と言い、それ以上は説得できませんでした。

京都の病院は自宅から遠いので、万が一の時のために、自宅近くにあった病院でも受け入れてもらえるようになっていました。

そんな状態でも主人は、山中先生ご夫妻やお世話になっている友達と食事に行きたいとお店を考えたり、山中先生のお嬢さんの結婚式は秋だったね、その結婚式にはどうしても出たいな、といったことを話したりしていました。

「けいちゃん、好きなことさせてくれて本当に感謝してるんやで」

とも言ってくれました。

けれど、九月の中旬になると朝になっても熱が下がらなくなり、京都の病院に行ったところ、感染症と診断されました。普通の人なら感染しないような肌などについている菌にやられてしまい、そのせいで熱が下がらなくなっていたのです。菌を退治するために、そのまま入院しました。結果的に、これが最後の入院となりました。

九月二十日からの放射線治療が始まる直前のことです。アメリカ出張中の山中先生から、「いよいよ始まりますね。放射線治療が効きますように、期待しています」とメールが届きました。

私は「ここまで来れたことを感謝しています。ご期待に応えられるように頑張ります」と返信しました。でも先生が日本を離れているあいだに、不思議と主人の状態が悪くなることが多かったのです。そこで主治医の先生には、山中先生が帰国されるまでは、主人の状態が厳しいことを連絡しないでくださいとお願いしていました。「悪い情報は入れないように」と、主人に止められていたからです。

それでも出張中の先生からは、主人の容態を気づかうメールをいただきました。

入院直後はひどい高熱で、意識はほとんどありませんでした。その後、放射線治療が始まりましたが、治療室に行く時はストレッチャーで運ばれ、一日中ベッドに横たわっている状態でした。

私が家のリフォーム工事の進み具合を写真で見せながら「退院する頃には完成していますよ」と話しかけると、「ああ、そう」と言ってくれました。

ただ、家のことよりも、トップリーグでの神戸製鋼のことが気になるようで、タブレットに送られてくる試合や練習の模様をよくチェックしていました。

十月になると、さらに厳しい状態になりました。

十三日に息子が帰国しましたが、主人が察するといけないので、「就職の面接を受けに帰ってきた」ということにしました。その時は熱が下がっており、息子と二人でシーズン中のラグビーのことなどいろいろな話をし、アイスクリームも食べましたが、声は小さく、ほとんどベッドに横になったままでした。

翌十四日は日曜日で、娘夫婦と息子が一緒にやってきました。

その日はわりあいに元気で「アイスが食べたい」と言い、娘が「アイスはカロリー高いから太るよ。いいね、いいね」と買いに行きました。主人は、「うまい、うまい」と言いながら「ガリガリ君」を食べました。

そのあと、娘が作ってきたお弁当も食べました。松茸を入れたすき焼きと、松茸ご飯です。

「うまそう」

と喜び、松茸ご飯を肉にくるんで一口食べました。

でも、それ以上はもう食べられません——。結局、それが最後の食事になりました。

その後も容態は悪かったものの、急変という事態にはならず、私たち家族は「こういう日もあるよね」と心に言い聞かせながら見守りました。

夜、睡眠剤を使って寝ると体調が悪くなるので、睡眠剤が合わないのかな、とも思いました。もうその時には、痛み止めがオキノームからモルヒネに変わっていました。それでも、私はやはりまだ希望を持っていて、「あまりたくさんモルヒネを使うのは嫌だな」と思っていました。今考えれば、愚かだったと思うのですが……。

「平尾さん、もうすぐおじいちゃんやな」

十月十八日、娘の口からビッグニュースが伝えられました。

赤ちゃんを授かったのです。

「パパ、来年の六月にはおじいちゃんになるのよ」

主人は、とても嬉しそうでした。

まだ一センチの小さな命ですが、私たち夫婦は神様に感謝の気持ちでいっぱいでした。

翌十九日、息子は大学の試験のためにアメリカに帰っていきました。

息子がアメリカに帰る時には、主人と握手をするのが常です。その日の朝も、病室にやって来た息子は主人と握手を交わしました。特別な会話はありませんでしたが、これが最後の別れになってしまうかもしれません——。

「すぐに帰ってこれるよ。じゃあ、また会おう」

と声をかけた息子は、涙を流していました。

主人は、「なんで泣いてるんや、俺はまだまだ頑張るよ」という顔をしながら、もう力が入らなくなってしまった手で精一杯、息子の手を握り返しました。

その日の朝は山中先生もいらっしゃいました。

主人の負担を考えてくださり、病室におられたのは十分ほどでした。前日に私が知佳さん宛のメールで娘に赤ちゃんができたことをお伝えしていたので、話題はそのことになりました。

「平尾さん、もうすぐおじいちゃんやな」

先生が言うと、ベッドを起こして座っていた主人は、

「まだまだですわ」

と答えました。

これが、先生との最後の会話になりました。

「頑張る」、その言葉を遺して

十月十九日深夜、主人は目を閉じて横たわったままで、容態はどんどん悪くなっていきました。

病室には私一人でした。私はいろいろと言葉をかけましたが、悲しいことに、返事はほとんど聞き取れません。

前日から、夜になると痰《たん》がよく出るようになっていたのですが、血管が弱っているため、痰に血が混じっていることも多く、本人はかなり気持ちが悪かったと思います。看護師さんに吸引器で取っていただいていましたが、痰はまたすぐ出てきます。

この時はもう吸引器を使うのもつらいようでしたので、

「取っても取ってもまた出てくるけれど、どうしますか？」

と訊きました。主人は、小さな声ですが、はっきりと、

「頑張る」

と答えました。

午前二時頃だったと思います。

ずっと苦しそうでしたので、胸や背中をさすっていたら、主人はそのうち眠りに入りました。私も横になりながら、何度も何度も起き上がってはモニターをチェックしていました。

いつのまにか私も眠ってしまったようです。突然バタバタと走る音で目が覚めました。午前六時頃だったと思います。

看護師さんが主人のそばで「平尾さん、平尾さん」と呼んでいます。私には「奥さんの声だったら聞こえます。呼んであげてください」と言いました。

先生もすぐに駆けつけてくれて、一生懸命治療を続けてくれましたが、「もうこれ以上は無理です」とおっしゃいました。

二〇一六年十月二十日、木曜日、午前七時二十分。眠ったまま、主人は息を引き取りました。

「頑張る」

これが、平尾誠二が最期に遺した言葉です。

「僕は先生を信じると決めた」

主人が亡くなった朝、気がつくと山中先生がいらしていました。先生はただただ、うつむいて泣いておられました。

「ああ、先生……」と思いましたが、私もその時は混乱していて、言葉を交わした記憶がありません。

主人の亡骸《なきがら》は、その日の午後に斎場に移されました。十月二十二日は時代祭の行列が斎場の前を通るので出棺できないとのことで、二十三日に家族葬を行い出棺することになりました。少しでも長く主人といられると思うと、出棺の日が延びたことさえ嬉しく思いました。

亡くなる前日の朝アメリカへ発った息子は、試験を受けると日本にとんぼ返りし、二十二日のお通夜に間に合いました。

私は家に帰らず、出棺までほとんど一睡もせずに、主人の傍《かたわ》らにいました。

「本当に幸せな人生だったね」

「よく頑張りましたね」

二人きりでいろいろなことを話し、一緒にいられる幸せな時間を過ごしました。

生前、主人が私たち家族にいつも言っていたのは、

「山中先生に診ていただくということは、世界でいちばん最先端のことができるということや。これでだめやったら、本当にだめなんや」

ということです。

癌が判明したあと、私たちは病名を公表せず、親しい知り合いにも話しませんでしたが、テレビなどに出演した主人の痩せた姿から「平尾誠二は癌だ」という噂が流れました。すると、本当に多くの方から、「ぜひ、この人に診てもらいなさい」「この治療を受けてほしい」といったアドバイスが届くようになりました。

家族としては心が揺れました。「こんな治療があるのなら受けてほしい」と思うこともあり、私から主人にそう言ったこともあります。けれど主人は、

「僕はもう、山中先生を信じるって決めたんや。そういうことをするのは、山中先生にすごく失礼なことだよ。僕は山中先生を信じる。だから他のことはしたくない」

と言い続け、私の話も聞こうとしませんでした。

主人が亡くなるまで、治療方法の選択肢はすべて山中先生が挙げ、どれを選択する

のが最善かアドバイスしてくださいました。そのおかげで私たち家族は、治療法の選択に悩んだことがありません。先生を心から信頼し、すべてをお任せしていました。

「全部、自分が決めたことです。でも、もっといい判断もあったんじゃないか。自分はご家族にとって不本意なことをしていたんじゃないか。病気を治せなくて本当にごめんなさい」

　主人の死後、山中先生はこう頭を下げられました。

　知佳さんにもお礼のメールを出したところ、こんな返事をいただきました。

「お気持ちにそぐわないことも多々あったと思いますが、いつも山中のアドバイスを大らかに受け入れていただき、こちらこそ感謝の気持ちでいっぱいです」

　知佳さんは、家族葬の時にも私のところに来て、

「山中は、わたしがこれまでに見たことがないほど勉強していました」

と、おっしゃいました。

　先生は献花の時に主人の棺《ひつぎ》の前で、「平尾さん、治してあげられなくて本当にごめんなさい」と泣かれていました。

　謝ることなどないのです。家族だけでは最善の治療法を選択することはできません

でした。本当にありがたいと、いつも心の中で手を合わせていました。悔いはまったくありません。

そして山中先生は、ずっと主人を守ってくださいました。

偉いお医者さまやラグビー関係者から主人の病名や病状を訊かれても、先生は何もおっしゃらなかったと、チームの方から聞いています。

主人が亡くなった時も、家族葬にするか多くの方々に来ていただく葬儀にするか迷いましたが、先生は「平尾さんの思うようにしましょう」と言ってくださいました。ある意味で、家族よりも山中先生のほうが、平尾誠二のことをわかってくれていたと思います。

十三ヵ月間、一緒に闘って

「平尾誠二は最後の一年間、家族水入らずの濃密な時間を過ごした。その意味で、できることをやり尽くした。悔いはなかったと思う」――そう山中先生はおっしゃったそうですね。

もちろん、まだまだやりたいことは社会的にもラグビーに関してもあったと思いますし、実際にそのような話もありました。けれど、闘病中に「元気なら、こういうことができたのに」というネガティブな言葉は一度も口にしませんでした。

病気がわかった時には、「後悔はないよ。思い残すことは何もない」と言いましたが、その後は、あえてそういう話はしませんでした。病気について書き残したものも、死後にこれを見てくれというメッセージのたぐいも、まったくありません。

「後悔はないよ」と言ったのは、やり残したことがないというよりも、今までの人生で一つひとつ目の前にあることに全力投球してきた、という意味だったと思います。

主人の遺品を整理した時、あらゆる分野の書物や切り抜きなどで多くの勉強をしていたことがわかり、「講演のあとには質疑応答の時間があるので、知らないでは済まされない」と言っていたことを思い出しました。

後悔はないと言った主人ですが、ただ一つ、「逆縁の不孝をするおふくろに申し訳ない」と言っていました。

今、主人のことをいろいろ思うと、普通のサラリーマン家庭に育った普通の人だったけれど、大事に育ててもらったのだろうな、ということが改めてわかります。

子供たちが小さかった頃、夜中に皆で起きて家の近くの森へ虫を捕りに行ったりすると、「おやじもよく連れていってくれたんだよ」と言っていました。家に自分の両親が遊びに来ると、父とは男同士なのであまり話はしませんでしたが、母とは夜遅くまで笑いながら話していました。

その様子を見て、「いい家庭に育ったんだな」と思っていました。裕福とかそういうことではなく、本当に健全な家庭に育った人でした。

だから、自分の子供たちにも「健康だったらええんや」と、多くは望みませんでした。娘に対して私があれこれと世話を焼くのは嫌がって、結婚のこともすべて本人に決めさせました。「それが親孝行だよ」という思いがあったのです。

主人が亡くなって半年ほど過ぎた頃、山中先生ご夫妻を含めた親しい方々との食事会で、「平尾さんは、最後に自分はもうだめだと思っていたのかな。それとも最後まで諦めていなかったのかな」という話になったことがあります。その時、山中先生は、「どっちもだと思います」とおっしゃいました。

体がすごく弱っているのは、もちろん自分でも気付いていたはずで、もう無理かもと思ったかもしれない。でも、もしかしたらまだ可能性があるんじゃないかと、きっと思っていたでしょう、と。

そのお話を聞きながら、娘は主人が元気だった頃のことを思い出したといいます。二〇一六年の夏、娘は主人と一緒に居間のテレビでラグビーの試合を観ていました。どういう試合だったか憶えていないけれど、二人が応援していたチームは明らかに負けそうで、娘は「あと三分しかないし、絶対に負けるよ。もう観るのやめよう」と言って居間から出ていこうとしました。すると主人が、

「いや、まだわからへんで」

と言ったというのです。山中先生のお話を聞いてその言葉を思い出し、

「きっとパパは最期の時まで、『いや、まだわからへんで』と思っていたんだろうな」と思い、「どっちもだと思います」という先生の言葉が自分のなかでとてもしっくりきた、と言っていました。

思えば、二〇一六年十月に京都の病院で「オプジーボ」を投与しながら放射線治療を受けていた時も、主人は「家に帰れるかな」と言っていました。

「放射線の結果はどう？」と訊くので、「CTとかいろいろ撮らなきゃいけないか

ら、これからですね」と答えると、起き上がれない状態なのに、「じゃあ、結果待ちか」と言いました。最後まで諦めていなかったのです。体は衰弱していましたが、主人の心はいたって元気でした。

山中先生は、「平尾さんと一緒に闘えて幸せです」とおっしゃっていましたが、平尾誠二が平尾誠二らしく最後まで諦めずに闘えたのは、山中先生のおかげだと私は思っています。

大阪城の桜

主人が亡くなって五ヵ月ほど過ぎた二〇一七年三月の末、山中先生ご夫妻がお花見に誘ってくださり、娘夫婦と一緒に先生のお宅にお邪魔しました。前年の春にもお誘いを受けたのですが、主人の体調がよくなくて行けなかったのです。

「家族が揃うのは久しぶりなんですよ」

と、山中先生はおっしゃいました。

山中家は医者一家で、奥様も二人のお嬢さんもお医者さまです。皆さんお忙しいのに、私たちが来るということで家族揃って迎えてくださったのです。それくらい私たちのことも大事にしてくださっているのだと、改めて思いました。

先生のお宅からは、近くにある大阪城が見えました。このお城を中心に広がる西の丸庭園は桜の名所として有名です。満開の桜の向こうにそびえる大阪城を眺め、皆で明るい話をしながら、主人が大阪の病院に入院した時のことを私は思い出していました。

「大阪城、見えてるやん。ここのお部屋いいですね」

最初の免疫療法を受けるために入院した時、主人は病室に入るなり、付き添ってくださった山中先生にこう言いました。病室の窓から、ビルの狭間の大阪城がきれいに見えていました。

先生のお宅から見える大阪城は、病室から眺めたのと角度は違うけれど、ちょうど同じような大きさです。

「ああ、私たちは同じ景色を見ていたんだ」と思いました。

最初の大事な治療が始まるという時に、先生はどんな気持ちで私たちと一緒に大阪城を見ていたのだろう――。

毎日、おうちで主人と同じ景色を見ながら、どんな思いでいらしたのだろう――。

そんな思いが一気にこみ上げてきました。

今にして思えば、癌宣告を受ける前夜から山中先生が主人とご一緒だったことは、偶然ではない気がします。

二人の魂の結び付きは、それほどに深かったのでしょう。そのことに、感謝の気持ちでいっぱいです。

平尾誠二の十三ヵ月に及んだ闘病生活に、山中伸弥先生は最初から最後まで寄り添ってくださいました。

「感謝の集い」には
大勢の人が献花に訪れた

第3章 平尾誠二×山中伸弥「僕らはこんなことを語り合ってきた」

【編註】

山中氏と平尾氏はいろいろな機会に対談をしているが、ここでは二人の出会いの場となった二〇一〇年九月の対談を、未公開部分を含めて掲載する。

各テーマの冒頭にあるのは、当時を振り返り、改めて語ってもらった山中氏の談話である。

テーマ1

僕ら『スクール・ウォーズ』世代

ラグビーを語る平尾誠二は本当に格好よく、男の僕が惚れ惚れとするほどでした。

彼は、ラグビーの魅力を「ボールを持って走れること」と言っていました。

他のスポーツはボールを持って走ってはいけなかったり、走ってもいいが歩数に制限があったりする。でも、ラグビーにはそういう抑制がなく、すべてが解き放たれている爽快感がある、と。

平尾さんの心はまさにラグビーと同じで、いつも自由に解き放たれていて、そばにいる僕らに爽快な風を送ってくれたのです。

平尾さんのお友達もまじえてゴルフをした時、こんなことがありました。

そのゴルフ場はバーベキューもできるようになっていて、平尾さんのお友達の息子さんもバーベキューに参加していました。その息子さんがラグビーを始めるということで、平尾さんはボールやスパイクシューズをプレゼント。普通はそこまで気が回らないものですが、平尾さんはこういうことがさりげなくできるのです。

それだけでなく、「ちょっと練習するか」と言って、二人でパスを始めました。

それを僕は横でワインを飲みながらじっと見ていたのですが、居ても立ってもいられなくなり、とうとう我慢できずに「僕も入れて」と声をかけ、三角パスを始めました。

僕が平尾さんにパスすると、平尾さんがボールを受けて友達の息子さんにパスする。それを三回ぐらい繰り返した時、平尾さんが言いました。

「夢心地だった」と山中氏が語る、平尾氏とのパス回し

「先生、ヘタやな」

一瞬、「ばれたか」と焦りましたが、まさか平尾誠二とパスができるとは思っていなかったので、僕は夢心地でした。

平尾さん、きみとパスをしたのは、あのゴルフ場での一回きりだったね。

でも、あとで知り合いにこの話をしたら、「神戸製鋼の選手でも、平尾さんとパスした人は少ない」と言われたよ。

あの三角パスは本当にいい思い出で、僕の自慢です。ありがとう、平尾さん。

憧れのヒーロー

平尾　先生、何年ラグビーをやっておられたの？

山中　神戸大学医学部の三年生の時から五年生まで、三年間ですね。

平尾　それまでは柔道をされていたんですよね。

山中　ええ、中学高校時代は柔道部で頑張っていたんですけど、体育の授業でラグビーをやって、面白さにはまったんです。僕が通っていた大教大（大阪教育大学）附属高校では、体育の授業でラグビーの時だけ、大教大ラグビー部の辻野昭先生というラグビー界ではわりと有名な先生が、わざわざ教えに来られていたんですよ。

辻野先生の口癖は「エンジョイ・フットボール」。いつもそう言って教えてくださって、こんな面白いスポーツないわと一発で虜《とりこ》になりました。

柔道は個人競技、これはこれで面白いんですが、「道」という字が付くぐらいですから、もう毎日我慢の連続というか、ずーっと練習ばっかりで、年に一回か二回試合があるだけ。その試合も、ひどい時はたった三秒で一回戦負けして終わり、次はまた一年後、という感じでした。

その点、ラグビーは高校の場合三十分ハーフで一試合六十分はプレーできるし、負けてもトーナメントじゃなければ次の試合もある。何より、十五人でやるチームプレーが本当に面白いなと思って。

それに当時は、平尾さんが伏見工業高校で大活躍されていて、「平尾誠二効果」でラグビーが一大ブームでしたからね。花園ラグビー場は僕の実家の近くにあったんですけど、いつもテレビで観戦してました。そういうこともあって、本当にラグビーが大好きになって、大学に入ったら絶対ラグビーをやろうと心に誓っていました。

ところが神戸大学に入ったら、柔道経験者ということで柔道部に誘われて。新入生歓迎会で柔道部の先輩に囲まれて、「うん」と言うまで帰してもらえない。気が弱いものだから、勧誘を断り切れなくなって、そのまま全学の柔道部に入っちゃったんです。

それから一年ちょっと柔道をやったんですが、膝の靭帯《じんたい》を切ってしまい、柔道部はやめました。その後、膝の怪我もだいぶ治ってきたんで、三年生から医学部のラグビー部に入れてもらい、そこから三年間だけなんですけど、ラグビーはだいぶ一生懸命やりました。

ちょうどその頃、伏見工業高校ラグビー部をモデルにした『スクール・ウォーズ』というテレビドラマが大人気でしたよね。もちろん僕も観てました。平尾さんが在籍されていた同志社大学ラグビー部も、すごく強かった。『スクー

伏見工業高校3年時に
高校選手権優勝
（左端が平尾氏）

ル・ウォーズ』の主題歌は『ヒーロー』。僕にとって平尾さんは、まさにヒーローなんです。

平尾　いえいえ、僕のほうこそ先生にお会いできて光栄に思っております。

山中　僕は平尾さんと同学年。僕の父親は同志社大学出身なんですよ。

平尾　そうなんですか。

山中　そういうこともあって、ずっと同志社ラグビーに親しみがあったんです。とにかく強かったじゃないですか、学生ではもうナンバーワンで。ただ、当時の社会人チームには新日鐵釜石という強豪がいた。松尾雄治さん率いる新日鐵釜石と、平尾誠二率いる同志社が双璧。日本選手権でよくぶつかりましたよね。あの頃は、社会人と学生の力がわりと拮抗していた。

平尾　まあ、いい勝負っていうかね。そこそこ、いいゲーム。

山中　僕、テレビで試合観ながら、「今年は同志社勝つか、今年こそ勝つか」と応援してました。もうちょっとのところで松尾さんにやられたり。

平尾　でも、強かったですよね。

山中　で、たまらなくなって、やっぱりラグビーしようと思ったんです。

平尾　そしたら僕、先生に影響与えてますよね。

山中　いや、もちろん。

平尾　ハハハハ。今日初めて知ったな。

僕は先生のこと、もちろん存じ上げていたんですけど、個人的な詳しい情報はあまりなくて、三つ四つは年上だと思っていたんです。そしたら歳が一緒やったんで、まずびっくりした。研究者の方って、今は皆さんお若いのかもしれないけど、僕のイメージでは、自分よりちょっと上の方っていう感覚があったんです。でも、先生にそういう影響を与えたっていうのは大変光栄ですね。家に帰って自慢できるな。嬉しい。

人生を変えられた男

平尾　先生、ポジションはどちらをやっておられたの?

山中　僕はこう見えてもロックかフランカー。僕がロックするぐらいのチームだから、実力は推して知るべしで……。

平尾　いや、でも身長は結構おありでしょ。

山中　一七五、六センチだから、たいしたことなかったです。

平尾　いやいや。でも当時はラグビー部員って結構多かったんじゃないですか。

山中　僕の学年は三人しかいなくて少なかったんですけど、一年生から六年生まで合わせれば、なんとか二チームは作れるくらいいました。当時の神戸大医学部ラグビー部は、毎日練習を朝の十時から午後二時ぐらいまでやったんですよ。だから授業にも実習にも出られないで、「これでええんかな」と不安になったこともありました。

平尾　今はもう人数を集めるのが大変じゃないですかね。

山中　それが不思議と、神戸大学医学部のラグビー部は結構強くなったんですよ。そうなると人も集まってくるので、危機的な感じではないですね。もちろん同志社とはレベルがぜんぜん違いますけど。医学部ってラグビー経験者も少ないし。

平尾　経験ある人、一人か二人でしょ。

山中　ただ、僕のチームメートには神戸高校でラグビーやってたやつがいたんです。

神戸大医学部時代、ラグビー部で活動する山中氏

平尾　神戸高校は強かったですよね。

山中　ものすごい強かった。全国大会とかも出てた年代ですよ。彼は神戸高校の中でもかなりハイレベルで、将来はラグビーで身を立てようと真剣に思ってたらしいんです。ところが、あることがきっかけで真剣にラグビーやるのをやめた。その理由が何か、わかりますか？

平尾　いや、わからない。

山中　ある時、近畿大会で伏見工業高校と当たったからなんです。

彼はタックルに絶対の自信があって、タックルで倒せない相手はいないと思ってたらしい。ところが、伏見工業の選手が向こうから走ってきて、「タックルが決まった！」と思った瞬間、スーッとその選手が視界から消えてタックルを抜かれた。それが平尾さんだったんですって（笑）。

それで彼は、「ああ、世の中にはこんな選手がいるんや。とてもこんな人たちとやってられない」と、真剣にラグビーやるのはやめた。自信がガタッと崩れたんでしょうね。そこから猛勉強して、三浪ぐらいして神戸大の医学部に入ったそうです。

平尾　その試合、いつ？　近畿大会ですか。

山中　たしか近畿大会と言ってたと思いますけど。

平尾　僕が記憶にあるのは国体か何かの予選。

山中　かもしれないですね。

平尾　当時は神戸高校が強かった時期ですね。

山中　彼は医学部で適当にラグビーやってはったんですけども、やっぱりすごく強かったですよ。今は内視鏡で日本でも有数の腕前の医者になっています。平尾さんにタックル抜かれなかったら、彼は医学部に入ることも医者になることもなかったかもしれない。平尾さんは、いろんな人の人生を変えているんです。

平尾　どっちがよかったか、わからない（笑）。でも、山中さんがよくおっしゃっている「人間万事塞翁《さいおう》が馬」って、まさしくそれで。

山中　そうそう。

平尾　そういう人生の流れみたいなものって、予期せぬところで変わるんですね。

テーマ2 技術革新と倫理観

平尾さんとの対話はiPS細胞のことにも及びました。

ここでiPS細胞について簡単に説明しておきましょう。

私たちの体は、たった一個の受精卵がお母さんのお腹の中で分裂を繰り返し、臓器、皮膚、神経、筋肉などさまざまな細胞へ分化して作られます。いったん分化した細胞は、たとえば皮膚の細胞なら皮膚のままで、突然別の細胞になることはありません。

iPS細胞は、細胞に数個の遺伝子を導入することで、いったん分化した細胞を受精卵のような未分化の状態に戻したもの。つまり、赤ちゃんになる前の、いろいろな組織や臓器になる可能性を持った細胞です。体中のあらゆる細胞に変化し、ほぼ無限に増殖する能力があります。

この特徴を活かして、ｉＰＳ細胞などから組織や臓器の細胞を作り、病気や怪我で損なわれた機能を補う再生医療の研究や、新薬の開発が進んでいるのはご存じの通りです。

しかし、対談当時はまだ、ｉＰＳ細胞や再生医療について知る人は稀でした。僕がノーベル生理学・医学賞を受賞したのは、この対談の二年後（二〇一二年）です。

平尾さんは、ｉＰＳ細胞についてかなり勉強してきてくださり、鋭い質問をいくつも僕に投げかけてきました。彼の探求心は、ラグビーやスポーツといった分野だけにとどまらず、広い視野からいろいろな知識を吸収されていました。真のインテリジェンスとは、こういうことをいうのだと思います。

「週刊現代」の対談では、脊髄《せきずい》損傷などで動けなくなった患者さんの苦しみについても語り合いました。ラグビーをやっている者にとって脊髄損傷は身近な問題なのです。最後の対談となった二〇一六年二月の神戸ロータリークラブ主催のトークイベントでも、彼は「脊髄損傷と再生医療」をテーマの一つに取り上げ、「iPS細胞による治療が早く実用化され、患者さんたちが一般的な社会生活を送れるようになればいいなと思います」と言いました。

自分自身が闘病生活の真っただ中にいるにもかかわらず、こういう言葉が自然に出てくることに、人間としての強さと大きさを改めて感じました。

iPS細胞をどう活用するか――再生医療と創薬

平尾　これからの一般社会においてiPS細胞がどういう形で活用されていくかというと、二つありますよね。一つは、臓器などの再生。もう一つは薬の開発、創薬。

これを僕は非常に身近なものに感じているんです。この二つ以外の可能性も

山中　含めて、いつぐらいに実用化していくのかお聞きしたいんですが。

再生医療という点では、iPS細胞の研究をできるだけ早く実用化にもっていくのがゴールです。それが僕にとってのモチベーション。

僕、自分が柔道やラグビーで怪我が絶えなかったから、怪我や病気で体の自由を奪われている患者さんを治したいと思って、いったんは整形外科医になったんです。ところが、実際に臨床の現場に立つと、脊髄損傷や重症のリウマチなどで苦しむ患者さんに対する有効な治療法が確立されていない。そんな現実に大ショックを受け、今の医学では治せない患者さんをなんとか救いたいと思って基礎研究の世界に飛び込みました。手術がヘタやったというのもあるんですが（笑）。

iPS細胞で寿命を十年延ばすとか、そういうものができたとしても、本当に人類にとっていいのかどうかはわからないですよね。それよりも、本来元気でバリバリ働いていて当然なのに、突然、何もできなくなってしまう人がいっぱいいるわけじゃないですか。やっぱり医者としてなんとかしてあげたいですよ。

平尾　元気にラグビーやってたのに、ある日突然、脊髄損傷で体が動かなくなってしまう人だっていますものね。

山中　もう、見ていてたまらない。本当に患者さんは大変なんです。

特に脊髄損傷が多いのは、ラグビーと体操。それから、実は水泳も多いんです。一流選手は別ですが、普通のレベルの人がプールに飛び込んで、頭をプールの底に激突させてしまうケース、すごく多いんですよ。それで溺死する場合もあります。

脊髄損傷については、慶応大学のグループと強力に連携しています。アメリカでは、iPS細胞より先に開発されたES細胞（胚性幹細胞）というものを使って脊髄損傷の人を治療しようと研究をしています。

ただ、誤解がないように言っておきますと、ずっと以前に怪我をして車椅子で生活している人は、なかなか難しいんです。でも、怪我をして一週間とか十日目にES細胞やiPS細胞から作った神経細胞を移植すると、予後がかなり変わる。もと通りにはなかなかなりませんが、まったく動けなかった人の手が上がるようになるとか、麻痺の程度にそれぐらいの差は間違いなく現れると思っているんです。それについては、できる限り早く臨床研究にもっていきたいですね。

明日とか来年というわけにはいきませんけれど、僕たち京都大学iPS細胞研究所の大事な目標の一つは、遅くとも十年後には臨床研究までもっていくことです。

平尾　創薬のほうはどうですか？

山中　一部の薬ではもうだいぶ開発が進んでいます。特にアメリカではいろんなベンチャー企業ができて、結構進んでいるようです。僕が定期的にアメリカに行くのは、そういう情報を摑《つか》むためなんです。向こうの研究者とEメールやビデオ会議をするだけでは、なかなか情報が入ってこないので。フェース・トゥ・フェースでワインでも飲みながら話すと、初めて教えてくれることもいろいろあるんです。

平尾　ところで先生、「ルー・ゲーリッグ病」ってある？

山中　あります。筋《きん》萎《い》縮性《しゅくせい》側索硬《そくさくこう》化《か》症《しょう》◆注1、略称ＡＬＳといって、全身の運動神経が冒《おか》されてどんどん変性していき、筋肉が萎縮して筋力が低下する病気です。

平尾　だいぶ前に、僕の友達がそれになったんです。僕より二つ年上で、学生時代はボクシング部やったけど、どんどん力が衰えて、何年も前に握力が二か三になって何もできなくなった。僕、それ聞いてものすごく悲しくなったんです。

　下世話な話、性欲はある。そやけど体、動かんわけですよ。それがつらいって。医者からは、「さらに進行して、最後は呼吸ができなくなって死ぬ」と言われたそうです。

山中　そうですね。ＡＬＳはどんどん進行しますから。

平尾　ところが今、進行が止まっているんです。自分で杖をついて歩く状態が、ずっと続いている。彼は、ある人のアドバイスで、大阪にある足つぼマッサージに通っているんです。「十回来い」って言われたけど、普通の人はめちゃくちゃ痛いんで、まず十回は通えない。そのくらい痛いらしいんですよ。

そこで施療しているおっさんは、医者の免許があるわけじゃないんです。どういう根拠なのかようわからんけど、「ビールは飲んでもいいけど、それ以外のお酒はダメ」「生の魚は絶対ダメ」「カルシウムは摂《と》ったらあかん」とか、いろんなこと言われて、それを友達はずっと守っていた。生活習慣も言われた通りにした。それから進行が止まっているんですよ。僕、それが不思議で不思議で。

初めにグーッと足のつぼを押されたら、なぜだかわからないけど、体のあちこちから膿《うみ》が出てきたらしい。その時に彼に会ったら、膿が出てくるところにガーゼを当てて、その上にシャツを着てました。それがある時に膿が止まって、今はおさまっているんですよ。僕、それも変じゃないかと思ったんだけど。

山中　医学って、人の体や病気について解明できていないことがまだまだ多いんです。これだけ医学が進歩しても、僕らに見えているのは氷山の一角と同じで、実はその下に、人間の体はものすごい能力を秘めているかもしれない。僕ら研究者や医学者は、いろいろな治療をした時の患者さんの反応をありのままに認めないと、隠れた部分がいつまでたっても見えてこないんじゃないかと思うんです。

「研究者には才能のある人、ない人っているんですか」と訊かれることがありますけど、あるとしたら、どれだけ実験するか、実験の結果をいかに謙虚に受け止められるか、っていうことじゃないですかね。

たとえばその方のように、足つぼマッサージでALSの進行が止まった患者さんがいる。それを「科学的にあり得ない」と思ってしまったら、もう、そこまでですよね。本当に足つぼマッサージが効いたのかどうかわからないですけど、事実としてそういう人がいるのなら、それはそれで真摯《しんし》に受け止めて検証するような実験をしていくのが、研究者としての才能かもしれない。「常識を疑う力」と言えばいいでしょうかね。

人間のすべてを百としたら、僕らが知ってるのは多分、よく言って十ぐらいです。あとの九十はわからない。ある治療法について、「これで病気が治るわけがない、そんなの絶対に無理や」と決めつけられるほど、わかってないんです。

だって、iPS細胞ができたこと自体が、普通の考えやったら「絶対無理や」と言われていたことですからね。それができましたから。まだまだ人間にはいろんな可能性があるということですよ。

◆注1　筋萎縮性側索硬化症
運動ニューロン病の一種。進行が速く、患者の約半数は発症後三〜五年で呼吸筋の麻痺により死亡する（人工呼吸器の装着で延命は可能）。有効な治療法は確立されていない。メジャーリーグで活躍したルー・ゲーリッグ選手が罹患したことから「ルー・ゲーリッグ病」とも呼ばれる。

技術革新で問われる倫理観

平尾　この間の「NHKスペシャル」◆注2で、人間の細胞や臓器を別の動物の中で作って人間に移植するという話がありましたよね。一つの例として、豚の体内で人間の肝臓を作って、その肝臓を取り出して人間に移植する研究が紹介されていました。

それが臓器の提供不足を解消する一つの方法になり得るという意見がある一方で、そういう研究はやめるべきだという意見もある。技術革新ていうのはすべてそうなんですけど、進めば進むほど、難しい問題がまた逆に出てきますよね。

山中　そうですね、はい。

平尾　医療の技術ももちろんそうだし、別な意味での技術革新、たとえば経済もそうですけど、そういう技術が、人間の知識や知恵が拡大するとともに発達していくのは間違いないけれど、ある時点で「暴走したら危いぞ」という時がきますよね。

その時、暴走をコントロールするために必要なのが人間の倫理観というか、本当の意味での人間の力。それがすべての分野で試されている時期じゃないかと、僕は思うんです。単純に言えば、バランス感覚ということになるのかもしれませんけど、そういうものがものすごく求められているのが今の世の中だなあと、改めてあの番組を見て感じたわけです。

スポーツもそうですね。技術がどんどん進んで記録を向上させていく。でも、健康的じゃなくなる。ドーピングの問題とかあるじゃないですか。上昇志向とか向上心が人間の能力を高めてくれるのは重要なことですけど、行き過ぎると元も子もないということも、やっぱりある。それだけ技術が進んできたということを、本当に実感させられる。

山中　スポーツにも科学技術にも、人間の向上心は絶対に共通していると思いますね。アスリートなら、人より速くなりたい、強くなりたい。僕たちの研究も、人よりいい成果を出したい、早く技術を発展させたい。

平尾　そうですね。向上心が、今までになかったものを作り上げるいちばん根源的なものですよね。僕は、それが人間のすごい能力だと思うんです。でも、本質的なものを見誤ると、とんでもない方向に行ってしまうという問題がありますよね。

山中　難しいですね。スポーツも、そもそもトレーニングって、人の体を傷《いた》めてしまうものだから。僕、ドーピングがいいなんてぜんぜん思わない。あれは間違いなく悪いことです。でも、トレーニングというのは、体に強烈な負荷をかけて筋肉を作っているわけですから、本当は体に悪いことなんです。その意味では、ドーピングもトレーニングも実は目的は一緒なんですね、手段が違うだけで。

平尾　そうだよね。

山中　たとえば、マラソンの選手が高地へ行ってトレーニングすることも、普通では起こり得ないことをわざとして、赤血球の数を増やしたりするわけですよね。それは許されているけれど、赤血球を増やすような薬を注射するのはダメ。でも、実はその境界線には明らかな壁があるわけではない。人間が作ったルールに過ぎない。「強くなりたい、速くなりたい」という人間の欲望の、どこまでをよしとし、どこからをダメとするかは、ルール次第ということですよね。

平尾　そうですね。

山中　科学技術では原子力がまさにそうです。使い方を誤まらなければすごくいい技術なんですが、原子爆弾になった途端に悪の根源になってしまう。

もっと簡単な例を言えば、ナイフはもともと原始時代の人が作った打製石器で、画期的な技術で物が切れるようになった。でも、一歩使い方を誤まると凶器になってしまう。ただ、だからといって誰もナイフを使うことを禁止しないですよね。

iPS細胞の技術も、病気で苦しんでいる人を助ける、新しい薬を作るという可能性があるわけです。その先は、男性同士のカップルから子供が生まれるとか、動物と人間の融合体みたいなものを作るというようなことが技術的、理論的には可能です。

じゃあ、どこでストップをかけるのか。それが人間や社会に問われる。だからといって、iPS細胞の技術を全部やめてしまったら、何も起こらない。

平尾　そのまま進化しない。

山中　はい。ドーピングを禁止するいちばんの方法はスポーツをやめることだ、オリンピックを禁止することだ、というような極端な話になりかねないですよね。だから、そこは人間や社会がどこまでをよしとして、どこからはやめるのかという境界線をはっきりさせることがとても大切。でも、それはすごく難しくて……。

平尾　そうですね。これ、ルールとして明文化するのは簡単なようにも思えるし、非常に難しいとも思える。大事なことは、我々が暗黙のうちに持つ倫理的な観念ですね。

僕、人間の倫理観は一朝一夕にできあがるものじゃなくて、子供の頃から成長のなかで、いろんなものを見ながら、感じながら、育っていくものだと思うんです。そういうものが、実はとても大事なわけで、それに基づいてルールを作っていくべきじゃないかなと思うんですよ。

人間のなかに本質的にある、「こういうことは許されるけど、これは許されない」みたいな感覚、観念ね。もっと言うなら、生きていくうえでの優先順位みたいなものをしっかりと持っていないと、なかなかこういうことは決められないですよね。

◆注2　「NHKスペシャル」『〝生命〟の未来を変えた男　山中伸弥　iPS細胞革命』。この対談の直前の二〇一〇年九月十八日に放送された。

テーマ3
人を叱る時の四つの心得

平尾さんには言葉を超えたオーラがありました。周囲の人を緊張させる氷のようなオーラではなく、人を笑顔にし、元気にする、おひさまのような温かいオーラです。

いい歳をした一流企業のトップも、普段は難しい顔で部下に小言を言っていそうな中間管理職も、彼の周りに集まると、なぜか皆にこにこ顔になり、子供みたいにワーワー、キャーキャー。平尾誠二は、そういう幸せオーラを発する稀有な人でした。

彼と交わした会話で最も心に残っているのは、「感謝の集い」の弔辞でも述べた「人を叱る時の四つの心得」です。

――プレーは叱っても人格は責めない。
――あとで必ずフォローする。
――他人と比較しない。
――長時間叱らない。

何度読み返しても、「さすがやな」と思います。

彼が遺してくれた四つの心得は、京都大学iPS細胞研究所というチームを率いるうえで、僕がいちばん支えにしている言葉です。でも、いまだに実践できていません。

四つの心得を実行しようと思い立ったまさにその次の日、ふと気付いたら、所員に一時間近く注意をしていて、「くどくどやってもうたわ」と反省しきりでした。

平尾誠二の境地に達するまでには、まだまだ時間がかかりそうです。

叱られて落ち込むのは当たり前

山中　平尾さんが選手を叱るのって、どういう時ですか？

平尾　叱る、叱らないは、選手のポジションやタイプによるよね。
　これだけはあかんと思うのは、我慢すればできることをしない奴。スクラムを組むとか、ある一定の姿勢を保つとか、我慢によってできることってあるやないですか。しんどくてもここは我慢や、ということをやらない奴は、叱ることが多いですね。
　その一方で、寛容にならないといかん奴もおるんです。たとえば、クリエイティブなポジションの奴に対しては、寛容でないといかんね。クリエイティブな仕事って、我慢してできることじゃないんですよ。想像力を働かせて自由な領域を増やしてやらなかったら、うまくいかないところがある。

山中　今、うちの学生とかでも、精神的に打たれ弱いところがあるんですよ。ちょっと叱ったらトイレに入って三時間出てこないとかね。

平尾　どこでもそうですよ。かつて僕は「反発係数」って呼んでましたけどね。

昔は、監督が選手を叱る時に相当きつい言葉を浴びせてましたよね。「お前ら、なんだそのプレーは。こんなことができへんのやったら死んでまえ！　ボケ、カス、アホ！」と。でも、言われた選手はそれに反発して、「なにクソ！」がすごかった。反発係数が高くて、それまで以上の力を出したもんですよ。

今の選手は叱っても向かってこないし、すぐにしゅんとなる。むしろ逆効果だね。

山中　僕も結構、学生を叱ったりするんですけど、相手の反応を見て、ちょっと心配になることがあります。こっちはぜんぜん怒っているつもりはなく、優しく指導しているのに、女子は泣きだす。男子は、「ちょっと気分が悪い……」とか言うんです。

でも、ここで厳しくしないと、今はうまくすり抜けても将来ひどい目に遭う。研究者も何かと厳しい状況で、これからどんどんつらいことも起こる。だから、やめるのだったらここでやめたほうが絶対この人のためやと思って、あえて厳しくするんですが、相手の反応を見ると、自分がすごく悪いことしているような気になってきます。なかなかうまく伝わらないですよ。

吐った学生が、「病院に行ったら鬱《うつ》傾向って言われました」と言うこともあります。鬱傾向、鬱気味、軽い鬱……それ言われたら、こちらは何もできない。

怒られて落ち込むなんて普通やんって、僕は思うんですけどね。

チームワークは「助け合い」じゃない

山中　ラグビーはチームプレーを考える必要がありますね。それがきちっとできるチームが強くなっていく。

平尾　そうですね。

山中　僕は中学時代から八年間柔道をやって、ラグビーをやったのは大学時代のわずか三年間。そのあとはトライアスロンやマラソン、趣味でちょっとゴルフをしたりと個人競技ばかりだから、「自分さえ頑張れば」っていう気持ちがあるんです。

平尾　僕の勝手な考えですけど、ラグビーはチーム競技か個人競技かっていった時に、実は個人競技の部分が圧倒的に多いと思うんです。たとえば、チームワークという言葉の概念を日本人に訊くと、だいたいの人は「助け合い」と、きれいに回答しはるんですね。どっちかというと美しく語る。でも、チームワークというのは、実はもっと凄まじいものやと思うんです。いちばん素晴らしいチームワークは、個人が責任を果たすこと。それに尽きるんですよ。

山中　なるほど。

平尾　そういう意識がないと、本当の意味でのいいチームはできない。もっと言うと、助けられている奴がいるようじゃチームは勝てないんです。

山中　それはそうですね。

平尾　助けられている奴がいるってことは、助けている奴がいるわけです。その選手は、もっと自分のことに専念できたら、さらにいい仕事ができるんです。
強い時のチームっていうのは、助けたり助けられたりしている奴は一人もいない。どの選手も、プロフェッショナルとしての意識が非常に高くて、本当に貪欲に挑み続けて、できなかったらそのことに対して最大限の努力をしていく。それが、一人一人の選手が持たなきゃいけないチームワークとしての姿勢だと思うんです。

山中　なるほど。

平尾　それがなくなってきた時に、チームとしては弱体化しはじめるんです。甘えはよくない。プロフェッショナルな気持ちを持つことが大事。だから強いチームって、意外に一人一人が仲いいことはないんですよ。日常的には一人一人が自分のペースをしっかり持っていて、普段はそんなにベタベタ仲良くしてないんだけれども、いざという時には、ある目的に関してプロフェッショナルな仕事をするという意味でね。

山中　僕はそういうレベルに到達する前にラグビーやめちゃったんですけど。
　神戸大医学部ラグビー部にはなくて神戸製鋼ラグビー部にあるのは、一人一人がトライするためにいちばん確率が高いプレーは何なのかを、自分で判断していることだと思うんです。自分がこのままボール持って突っ走るほうがトライの確率が高いか、そこで仲間にパスを出すほうが確率が高いか、そういうことを判断できる人が神戸製鋼には十五名集まっている。

平尾　その通りですね。

山中　僕はその確率を考えず、目の前にボールがあったら死んでも放さない、俺がトライするんやということから脱却しないままにラグビーをやめたので、本当の意味でのラグビーをしていなかった。トライしたのに、バックスの人によく怒られましたよ。

　僕からすれば、いちばんゴール近くにいるのはモールでガーッとやってる自分だから、パスを送ってぽろっと落とされるくらいなら、このまま自分がトライに行くほうが確率が高いと思うわけです。だから僕らのチーム、フォワードとバックスがよく言い合いをしていました。

平尾　あまりバックスの連中を信用しなかったんですね。

山中　パスしたら落とすんですもん。プレーしてない時には、他の人がトライに行くほうが確率が高そうな時はボールを渡すべきだと思うんですが、いざボールを持ったら放さない。僕のラグビー、それで終わってしまって。すいません、レベルが低くて。

平尾　いやいや、ぜんぜん。そういうプレーヤーもいないと突破できないっていうのは、確かにあるんですよ。チームのバランスもあるよね。皆が球を回してばっかりでもいかんし、どんな状況でも瞬時に判断して一歩でも前に出てやるっていう奴が一人か二人か三人いないと、チームのバランスはよくないと思いますね。

プレーヤーとマネージャー

山中　プレーヤーとマネージャーって、考え方がまったく違うと僕は思うんです。

僕、以前は自分で実際に実験して、自分でデータを出してという仕事がメインだったんですが、京都大学iPS細胞研究所の所長になってからは、それはあまりするべきじゃないと思って。僕らの研究所には二百人ぐらい研究者がいるんで、他の人にどうしてもらおうかということを、今は考えています。

でも、自分がプレーヤーのほうが楽でしたね。大変ですけど、自分さえ一生懸命やれば成果はある意味出るわけですから。

僕は鴨川べりをよく走りますけど、それも自分さえ一生懸命走ればタイムは速くなっていく。しんどくて、他の人が走ってくれたらいいのにな、と思う時もありますけど、自分さえ努力したら自分の成績は上がっていく。他の人を頼らなくていい。

実験も同じで、自分さえ一生懸命やれば、ある程度成果が得られるんです。今はたくさんの研究者にしてもらっていますけど、人をどう動かすかっていうのは本当に難しいですね。自分だけ一生懸命やっても、他が誰も動いてくれなかったら、ぜんぜん意味がないわけですから。

平尾さんは神戸製鋼のゼネラルマネージャーだし、その前は日本代表監督までされて、いろんな個性の選手たちを使っておられるけど、本当に大変なことだなと思いますよ。

平尾　プレーヤーのほうが楽は楽ですよね。自分がやったことがそのまま答えに出るので、「自分の努力＝結果」になるわけだから。監督は他の人の努力をどう促すかが問われるから難しい。努力の根源が、基本的に先生のモットーの「ビジョンとハードワーク」◆注3ならいいんですけど。目標、将来の希望、期待というものがないと、なかなか努力はできないですからね。

◆注3　**ビジョンとハードワーク（Vision & Hard Work）**
長期の展望（ビジョン）を見据え、それに向かって努力を重ねる（ハードワーク）ことが大切だとする考え方。山中氏は三十代前半の頃、留学先のグラッドストーン研究所（アメリカ）で当時の所長からこの考え方を教えられ、生涯のモットーとしている。

リーダーシップ論

平尾　ラグビーって、フィールドの中での選手の統治力がすごく重要なスポーツです。

山中　試合が始まっちゃうと監督は何もできないですものね。

平尾　ぜんぜんできない。だから、選手の思考、ゲームの見方、ラグビーに対する姿勢、そういうものが全部大事なんですよ。それが大きな影響力を持ってる。たとえば、三洋電機のトニー・ブラウン◆注4っていう選手がいますよね。彼はラグビーに対して極めて純粋です。真面目で、惜しみなくプレーして、絶対に諦めないしね。あいつはいい。めちゃくちゃいい。

彼のような姿勢が、チームメートの心を動かすんです。それで一皮むけて今までのチームの行動様式が変わったりするんです。そういう核になる選手がプレーのなかで影響力を持って、多少リーダーシップもあれば、皆がわーっと引っ張られていく。

もちろん、ヘッドコーチや監督も必要ですよ。特に高校ぐらいまでは絶対に大事です。だけど、社会人のレベルになってくると、ちょっと違うと思うんです。高校とか大学も強豪チームは違うと思う。そういうチームは「監督がきわめて素晴らしい」という感じがほとんどなくて、実際、大部分の監督が何もしない人ですよ。

山中　そのほうがいいんですね。

平尾　高校や大学は、選手たちで統治できているチームのほうが強くなっていく。社会人になると、それがもっと顕著になってくる。そもそもラグビーの監督は試合中、スタンドの中にいて、選手たちでやり方を全部決めているんですから。そう考えたら、監督はあまり必要じゃないのかもしれないですね。

山中　カギを握るのは中心選手ですね、やっぱり。

平尾　フィールドの中でリーダーシップを誰がとるかで決まっていきますよね。それはすごく大事な要素です。

山中　僕らの研究所にも現場監督みたいな人がいて、やっぱり彼ら次第ですよ。僕は全体の方向性については言いますけど、研究が成功するかどうかは、二十人ぐらいのチームリーダーがしっかりやってくれるかどうかにかかっているんです。

平尾　その人たちとコミュニケーションを取りながら進めていく。

山中　そうですね。でも、全体の方針とか、世界の研究は今どんな状況だとかは、やっぱり僕が示さないといけない。

◆注4　**トニー・ブラウン**

ニュージーランド出身の元ラグビー選手、指導者。一九七五年生まれ。元ニュージーランド代表（オールブラックス、一九九九〜二〇〇一）。二〇〇四〜二〇一一年に三洋電機ワイルドナイツ（現パナソニックワイルドナイツ）でプレーし、チームの日本選手権連覇に貢献した。二〇一一年に現役引退。二〇一六年から二〇一九年のワールドカップ終了まで日本代表チームのアタックコーチを務めた。

「ミスしたらあかんモード」では勝てない

山中　神戸製鋼が強かった頃って、ミスが少なかったんじゃないですか？

平尾　相手を呑んでかかってた。ミスはお互いにするんですけど、しどころがあってね。強かった頃の神戸製鋼には、こっちがミスする前に向こうがする、そういう好循環がありましたね。

山中　僕、テレビでよく試合を観ましたけど、最後ワンプレーで逆転したり、神がかり的なミラクルプレーがすごいなと思って。

平尾　そのことを皆がイメージできているんですよ。「まだいける！」ってね。

山中　そうですね。諦めてない。

平尾　こっちは諦めてなくて、相手は「やられるんちゃうか」と思って、実際にある時からこっちが逆転しはじめるんです。初めは逆転とかそんなことは考えてないんですが、どんどん時間が経っていって残り五分ぐらいになると、相手は「このままじゃ終わらないだろうな」と思いはじめるんです。

山中　何か起こるんじゃないか、と。

神戸製鋼で
日本選手権7連覇を達成

平尾　逆に向こうが不安になって、どんどん焦ってくる。こっちは、それが手に取るようにわかる。緊張しとるな、なんか焦っとるな、普通にしてたら勝てるのに慌てて摑みにかかろうとしているな、と。そういうものが感じ取れるんです。

でも、自分たちの目の前のことで必死なチームには余裕がないので、相手チームの緊張や焦りを感じ取る力がない。ちょっと視点を変えれば、いろんなものが見えるんですよ。たとえば、視線を五度上げたら見える空気がぱっと変わる。でも、目の前のことに必死やったら足元しか見えない。その違いは、やっぱりすごく大きいです。

山中　なるほど。

平尾　しばかれるとか怒られるとか、外発的なプレッシャーでやらされているチームというのも、ある程度までは上のステージに行けるかもしれないけど、絶対に一番にはなれないです。なぜなら、「ミスしたらあかんモード」に入ってしまうから。

人間って、「誰かに怒られるからミスしたらあかん」と思うと、知恵が働かなくなって、さらにハイクオリティのところにいけなくなってしまうんです。

百番を三十番とか二十番に上げるのにはいい方法かもしれないですけど、でも一番には絶対なれない。もしそれで一番になったとしたら、その世界そのものが成熟してないですわ。

山中　やっぱり内発的に「自分からやろう」と思う集団にならないといけない。

平尾　それで新しいものが、いろいろ工夫されていく。僕は、そう思うんですよね。

テーマ4 次代を担う若い人たちへ

平尾さんが伏見工業高校ラグビー部のキャプテンに指名されたのは、二年生の終わり頃だったそうです。彼が三年生の時、伏工は全国大会で初優勝しました。

同志社大学ではセンターとして活躍し、史上初の大学選手権三連覇を達成。

神戸製鋼ラグビー部では、入部三年目に主将に任命され、それまでほぼ毎日行われていた練習を週三日に減らし、一回の練習時間も約二時間と短くしました。その結果、毎日のように練習しているチームを制して日本選手権で初優勝。その後、七連覇を達成します。その間、彼は主将、主将代行を務めました。

彼がリーダーになるとチームは必ず日本一になったのです。プレーヤーとしての実力はもちろんのこと、彼のキャプテンシー（チームを統率する力）はずば抜けていました。

僕たちは「安定志向」「打たれ弱い」と評される若者たちへのメッセージも語り合いました。プレーヤーとして、チームリーダーとして、指導者として、常に第一線に立ち続けた平尾誠二の言葉には重みがあります。

彼は著書『理不尽に勝つ』（ＰＨＰ研究所）のなかで、ラグビーボールが今も楕円形なのは、世の中というものが予測不可能で理不尽なものだから、その現実を受け入れ、そのなかに面白みや希望を見出し、困難な状況を克服することの大切さ、素晴らしさを教えるためではないだろうか――と述べています。

元気だった頃、こうも言っていました。

「人生はラグビーボールと同じ。楕円形のボールはどこに転がっていくかわからない。しょうがないやないか」

これまでいくつもの理不尽を乗り越えてきた彼だからこそ、言える言葉です。

癌を告知された時、彼はひとこと、こう言ったそうです。

「しゃああらへんわね」

理不尽を嘆いてもしかたない、現実として受け入れ、そのなかに希望を見出していこうと説いてきた平尾さんは、癌告知という極限の状況にあっても、その姿勢を貫きました。そして、その後の闘病生活でも、理不尽に勝つことの大切さを、身をもって証明したのでした。

経験のなかで自信を獲得する

山中　今の若い人たちは、安定志向が強いと言われますね。

平尾　面白いことに、そういう世の中の傾向は、スポーツ選手の気質、スタイル、思考にも現れるんですよ。スポーツって社会にすごく影響を受けているから。

たとえば今の若いラグビー選手は、パスを狙ったところに送るとか、キックを正確に蹴るとか、そういう動作は僕らが学生やった頃よりも圧倒的に上手です。

ただ、スキルというのは「動作と判断力」なんです。今の若い選手は、動作は上手やけど、それを状況に応じてうまく使い分けるのはヘタですね。相手の裏をかくという発想がない。世の中の風潮が、機械的にものごとを考えるようになっていますから。

練習も、決まったことをどれだけ正確にするかという部分のほうが圧倒的に多くて、それができる奴がいい選手なんです。以前はそれでゲームがうまく運んだ時期もあったけど、今はもう、それじゃ勝てなくなってきています。

山中　それは難しい問題ですね。

平尾　相手の裏をかくといった発想がないのは、人間としての資質の問題じゃなく、多分、訓練の問題です。混沌としたところに放り込んで、なんぼでもゲームをやらせるほうがいいと僕は思うんです。練習ではうまくいかないでしょうけど、経験のなかで鍛え上げていくしかない。

山中　スポーツは気のものですから、ちょっとしたことで「ダメだ」と思っちゃうこともありますしね。

平尾　そうなんです。気持ちというのは、訓練や経験を積み重ねながら獲得していくものですからね。自信がない奴というのは、最後の最後、本当は有利なのに、なんか不利なような気持ちになってるでしょ。これも経験不足からくるものですよね。

僕、先生の本を読ませていただいて、山中伸弥はいろんな経験をするなかで、「しゃあないな、こんなこともあるよな。でも、なんとかなるさ」みたいな「切り替え力」を体得していると思った。これまでにはネガティブな経験もあったでしょ？

山中　はい。

平尾　でも、それがある状況によって、一気にいい方向に変わることもいっぱいあるんですよね。それを経験している奴は強いですよ。経験していないと、ちょっとしたことで「ダメモード」に入ってしまう。そういう奴が、たくさんおりましてね。

山中　それで自信をなくしちゃう人も多いですよね。

平尾　こんなのぜんぜんたいしたことないやないか、っていうこと、ありますよね。たとえば、ラグビーの試合時間八十分間のうち初めに相手に制圧されても、そこからいろいろ考えていけば、帳消しにできることはいくらでもある。「制圧された」というところに完全に目がいって身動き取れなくなるのは、経験不足なんですよ。

山中　精神力と言いますか。

平尾　神戸製鋼でプレーしているような選手でも、小さい時からそういう経験を山ほど積んでいる奴は意外と少なくてね。途中からラグビーを始めた選手も多いから。

山中　ああ、そうですか。ちょっと意外ですね、それ。

平尾　その点、外国の選手は子供の頃からゲームをやっているから、ちょっとしたことがゲームに大きく影響するってことを、経験のなかで体得してます。計算式じゃなくて、自分のなかの実戦経験って大事ですよね。

若者よ、海を渡れ

山中　経験という意味では、海外留学も大事だと思うんです。日本の大学では海外に留学する学生がすごく減ってますよ。大きな理由は二つあるように思います。
一つは、海外に出ると日本に帰ってきた時に自分のポストがなくなっているのでは、という不安。それやったら日本にいるほうがいい、と思うわけです。まあ、実際に帰ってきたらポストはないんですけどね。でも、日本にずっといるからといって、今のポストがずっとある保証は何もない。どうせないんだったら、海外で興味のあることを勉強したり、若い時しかできないことをしたりするほうがいいと思うんですけど。
もう一つの理由は、研究の技術的に見て、昔みたいにアメリカでしかできないということが、ほとんどなくなってきたことです。でもやっぱり、外国の文化にじかに接することは大切。それを皆、なかなかしないんです。
平尾　今は商社に入っても「海外に行きたくない」って言う若い人もいるらしいね。
山中　僕は三十代前半にアメリカのグラッドストーン研究所というところに留学した

んです。そこに行っていなかったら、今の自分は絶対にないです。グラッドストーンでは、最初は動脈硬化の研究などをしていろんな経験をしました。そこから遺伝子を改変したマウスを作る研究、ＥＳ細胞の研究へと入っていき、それがさらにｉＰＳ細胞の研究へと繋がっていったんです。

留学中にプレゼンテーションのやり方も学びました。欧米の研究者はプレゼンが上手で、自分は損してるなと日本にいる時から思っていたので。

平尾　どんな効果がありました？

山中　まず、プレゼン力がついて論文の書き方が変わりました。自分の研究成果や実験データを正確にわかりやすく発信すれば、各国の研究者や科学誌の編集者が興味を持ってくれて、メールや電話で連絡し合ったり、直接会ったりする関係もできていきます。そういうネットワークが、いざという時に大きな力を発揮するんです。

プレゼン力をつけることで、実験の組み立て方、思考方法、研究のあり方そのものも変わりましたね。大げさかもしれないけど、自分の人生が変わったと思うくらい。

だから若い人たちには「海外留学、行ってこい」って言うんですけど、行かないですね。若い人たちは日本のなかでの繋がりをとても大切だと感じているから、海外に行くことでそれが遮断されてしまうのが怖いんじゃないですかね。

平尾さんも同志社を卒業したあとイギリスに留学されて、リッチモンドクラブというラグビーチームに所属されたそうですけど、向こうでどう感じましたか？

平尾　僕が留学した当時のイギリス人って、正直言って、完全に日本人をバカにしていたんです。「なんだお前、何しに来た」みたいな感じで。だからしばらくは自己嫌悪に陥りましたけど、ええ格好で言うならば、「すべて勉強か」と腹くくりました。

ゲームはめちゃくちゃ厳しかったですよ。一試合終わると体が動かなくなるほど。でも、それはすごくいい経験だった。それに、スポーツを自分の意思でやるものとしてエンジョイしているイギリス人の姿を見て、「スポーツは文化なんだ」と実感できた。イギリスでの経験が、その後の僕の考え方や行動に影響を与えたことは確かやね。

ブレイクスルーは自ら生み出す

平尾　先生、やっぱり研究者も日本人とアメリカ人ではタイプが違いますか？

山中　それは本当に面白いほどまったく違いますね。

たとえば実験のやり方。実験って、最初からいきなり大規模でやっても無駄やから、まずは非常に小さい規模でやるんです。器具も全部小さいのを使って、それが成功したら何十倍、何百倍という大きな規模でやるんです。

ある実験で、小さい規模で小さい器具を使ってやったら、うまいことといったとします。ところがなぜか、それを百倍の大きさでやったらうまくいかない。「これは困った」となった時にどうするかは、日米で明らかに違います。

アメリカ人は、なんでうまくいかないのか、どうしたら百倍のレベルでできるかを一生懸命考える。でも日本人は違うんです。百倍するんやったら、その小さいやつを百個やったらいい、と考えて、実際にそうしちゃう。どっちがいいか僕はよくわからないですけど、たいていは日本人のほうがうまいことといくんですよ。

アメリカ人は格好にこだわるから、小さいのを百個並べるなんて、そんな不細工なことは合理的じゃないと考える。日本人は、小さいのがうまくいくんやったら、それを百個やればいいと考える。その気質の違いは絶対にありますね。

平尾　日本人は「失敗したら恥ずかしい」と思うところがありますよね。

山中　そうですね。失敗するぐらいならチャレンジしないほうが安全だと考える。でも、研究者としてはチャレンジして失敗するほうがいいんじゃないですか。挑戦しなければ成功もしないわけやから。逆に言えば、上の立場の人が失敗に関して寛容でなければならない、ということでもありますね。

アメリカに留学してびっくりしたのは、失敗してもぜんぜんマイナスにならない、むしろ、失敗したことが高く評価されるということです。たとえば日本だと、ベンチャー企業を興《おこ》して潰れたら、もう一巻の終わり、みたいなところがありますよね。でも、アメリカではそういう人が評価されて、次のベンチャーに社長で雇われたりする。チャレンジしてノウハウを貯めたから、次は失敗しないだろうと。

平尾　成功も失敗も楽しいという捉え方が、日本人にはあまりないよね。ところで先生、愛読書ってあるの？

山中　『仕事は楽しいかね？』◆注5というアメリカのいわゆる啓蒙書です。成功した企業や経営者の実例がいろいろ出てくるんですが、実はその成功はすべて失敗から始まっている。失敗するのは当たり前、明日は今日と違う自分になる、トライすることは楽しい、そういったことが書かれています。アメリカ留学から帰ってきて読みました。

僕、アメリカから帰って、一時いろんなことがうまくいかない時期があったんです。

アメリカの研究環境は素晴らしくて、なにごとも分業化が進んでいて研究費は潤沢だし、仲間とディスカッションすることで自分の研究を評価することもできたんですが、日本に戻ってしばらくは一人で研究をしていました。それまでやったことがない実験用のマウスの世話も、当然、全部自分でしなきゃいけない。誰かと研究のことで議論する機会もないし、研究費もない。毎日毎日、マウスの世話をしながら研究するうちに気持ちがどんどん落ち込んで、研究者としてやっていく自信をすっかりなくしてしまったんです。そんな時にこの本を読んで、「ああ、そうか」と腑に落ちることが多かった。すごく影響を受けてます。

平尾　ある意味、ブレイクスルーやね。研究では、どういうところがブレイクスルーになるんですか？

山中　僕たち研究者は、「ダメもと」でともかくやっちゃえというところが、ブレイクスルーになることが多いんです。冷静に考えたら、そんなのどう考えてもうまいこといくわけないと思ってしまうんですけど、「そんなん言うても、わからんからやってみい。やれ」と言ったら、「先生、うまいこといきました」「嘘やろ、お前」ってなることがよくあります。

平尾　そういうことって開発ではあるよね。

山中　考えてばかりいたら、絶対うまくいかない。当たって砕けろでやると、たいていは砕けるんですけど、時々、「えっ、うまいこといったかな」っていうことがある。

若い人の悪口は言いたくないですけど、当たって砕けろというのが怖くてできない人もいます。「先生、僕の一生がかかっているんです。こんな実験、ようしません」と。頭のいい人のほうが、そういうことを言いますね。

◆注5『**仕事は楽しいかね？**』
デイル・ドーテン著、野津智子訳、きこ書房。将来の目標や希望もなく日々の仕事に鬱積した感情を溜めている主人公が、空港で偶然出会った老人との会話のなかでさまざまなアドバイスを受け、仕事観や自己変革について考え直していく物語。

理不尽が人を成長させる

平尾　世の中には理不尽なことがたくさんある、というのが僕の持論なんです。僕らが中学高校の頃は、ラグビー部に限らず運動部でのしばきがよくあったけど、あれも理不尽なやり方やった。先生、中学高校の時の柔道部はどうだったの？

山中　顧問の先生がいい先生で、あまり理不尽なことはなかったです。僕らの学校は中学と高校が同じ場所にあって、中一で柔道部に入るといきなり高校生相手に練習しました。するとこっちも自然と強くなって、進学校でひょろひょろのわりには私学に勝ったりしちゃう。負けた相手の選手は、監督にボコボコにやられてましたけど(笑)。

平尾　中学の時、柔道部の奴らは負けると帯でしばかれていたものね。

山中　そうそう。それも試合会場で公衆の面前。親もいてるのに関係なし。

平尾　当時は多分、全国でそういうことが起きてましたよ。でも、そういう時代って大事やと思うんです。暴力やしごきを肯定しているわけじゃ決してないんですよ。

山中　理不尽なことに耐える、という意味で大事やと。

平尾　そう。僕、「体育会系は日本を滅ぼす」という論を持っていたんですが、今は逆に、そういう理不尽さも必要だと思うね。理不尽や不条理や矛盾を経験しないと、やっぱり人間は成長しないし、強くならないと思う。
　理不尽な経験をポジティブにとらえれば、得るものがいろいろあるはずなんです。むしろ、逆にそれを面白がるくらいじゃないとね。「しゃあない、こんなこともある。でも、なんとかなるわ」という気持ちで理不尽に臨んでいける奴、そのなかで生きていける奴でないと、何をするにも絶対無理ですわ。

テーマ5
世界の壁にどう立ち向かうか

iPS細胞の研究やラグビーのみならず、「世界を相手にどう戦うか」は、日本にとって非常に大きなテーマです。

力勝負で押してくる強豪国の真似をしても勝てない。日本独自の勤勉さ、器用さ、高い技術力など優位性を出していくべきだ、というのが僕らの一致した意見でした。

では、そのために何をすればいいのか。最初の対談から七年が過ぎた今も、僕はそれを模索しています。平尾誠二が遺していった宿題のように——。

一九九七年、平尾さんは史上最年少の三十四歳でラグビー日本代表の監督に就任し、二〇〇〇年まで指揮を執りました。その間に、他競技に先駆けて取り組んだ相手チームの映像・データの分析、ラグビー経験の有無に関係ない他競技からの人材発掘、海外選手の積極起用、代表選手の待遇改善など、さまざまな改革に取り組みました。

彼が監督の座を退いたあとも、その方針は基本的に受け継がれ、二〇一五年ワールドカップ・イングランド大会での日本チームの躍進に繋がりました。

翌年に行われた神戸でのトークイベントで、平尾さんは選手たちを讃《たた》えたうえで、日本が強豪・南アフリカに奇跡的勝利をおさめた要因を冷静に分析していました。

「南アフリカは日本をなめて油断していた。今回は予想以上の結果が出たが、次回もそれが保証されるとは限らない。日本ラグビー界にはさらなる努力が必要です」

「今の盛り上がりを一過性にせず、うまく引き継いでいくことが大事です」

今となっては、日本ラグビー界への遺言のようにも思えますが、その時の僕は、平尾さんはまだまだ癌と闘える、癌に勝てると信じていました。

二〇一九年に開催されるラグビーワールドカップ日本大会で試合が行われる十二会場は、すでに決まっています。そのうちの一つは、平尾さんの地元・神戸市の御崎《みさき》公園球技場です。

二年後、平尾誠二は、あの鋭くも温かいまなざしで、日本代表チームのプレーを見守っているに違いありません。

十人対百人の綱引きに勝つには

平尾　先生、iPS細胞の研究でアメリカはものすごい額の研究費を出しているんでしょ？　ラグビーもそうですけど、iPSの研究でもアメリカとか世界の壁は非常に高いやないですか。これに立ち向かっていくのは相当に大変なことだと思うんだけど。

山中　本当にその通りで、アメリカとの力の差は歴然としています。綱引きを十人と百人でするようなもので、まともにいったら負けるのはわかってる。

でも、やめるわけにはいかない。日本はアメリカより少ないとはいえ、何十億円という税金を使わせてもらって、綱引きをやれと言われているんですから。

相手は百人でこっちは十人。力勝負で挑むのはちょっと無理なんで、そこはもう工夫するしかない。相手が気付かないような、でも非常に大切なことというか、大切だけれども向こうの人が面倒くさがってやらないようなことを、日本がやることが大事です。

たとえば、ｉＰＳ細胞の開発はアメリカのハーバード大学でもやっていますが、やり方は僕らと違います。僕らは手作業で遺伝子の機能を一個一個調べていたんですが、向こうは莫大なお金をかけて、何万もの遺伝子の機能をいっぺんに調べるという、僕らがやりたくてもできないようなことをやっていた。僕らは畑を耕すのに鍬《くわ》を使うけど、向こうはブルドーザーを使っている、それくらいの違いがあるわけです。

だから明らかにハーバードのほうが有利だったんですが、向こうはブルドーザーなので、どうしてもちょこっと漏らすところがある。その点、僕らは手作業ですから漏れがない。それには運も要るんですけど。

平尾　普通に勝負したら圧倒的に向こうが有利……。そこは厳しいですね。

山中　本当に厳しいです。でも、せっかく日本で生まれたiPS細胞なのに、あとのことは全部アメリカにやってもらいましょうというのは、iPS細胞を作った僕らとしてはできないですね。人間が営むこととして……。

平尾　やっぱり日本でもやりましょう、と。

山中　そこで大事なのが、日本人にしかできない部分で、しかも非常に大切なことは何かを、一生懸命考えることです。ブルドーザーにはできない細かくて大切なことは何なのかを見つけ出していくことが重要なんです。

平尾　アメリカと日本じゃ、研究への投資力の差も相当大きいでしょうね。

山中　アメリカの投資力はすごいです。なにしろ、僕らが国からiPS細胞の研究のためにいただいているのと同じ額を、一つの会社や投資家から簡単に集めてしまいますから。その差は歴然としています。

平尾　そこで戦わなきゃあかんていうのが厳しいね。

山中　だから僕ら、綱引きの綱を作るようなことを考えているんです。「アメリカと綱引きしたら負けます。でも、綱は日本でしか作れないんだ。アメリカは強いかもしらんけど、綱がなかったら綱引きはできへんやろ」というようなものを。

平尾　そうそう。そういうものがないと。

一％でも勝利の可能性を追究する

山中　向こうが巨大なブルドーザーでやっていることを、日本の僕らが十分の一の規模のブルドーザーでやっても、そんなん面白くもなんともないし、絶対に勝てない。勝てる見込みがないのに勝負するのは、勇気じゃなくて無鉄砲というか蛮勇というか、エネルギーや資金の無駄遣いで、やるべきじゃない。この戦略なら勝てるという見込みが百分の一でもあれば勝負するのが勇気やと、僕は思うんです。

平尾　その通りだと思いますね。僕は以前から言っているんだけど、勝負というのは自分たちの持っている優位性で勝負していかなければ勝てない。ラグビーやったら、日本は外国の強いチーム相手に、選手単体の力、体格、スキルでは勝てない。人と人とがぶつかった、ある種の付加価値で勝っていくしかないんです。

科学でも産業でもスポーツでも、これまで日本が世界に勝ってきたのはニッチの部分、つまり細かな隙間みたいなところに、非常にハイクオリティなものを提供してきたことだと思うんです。それが日本の優位性。よくよく考えれば、そのニッチの部分が、先生がおっしゃる「綱引きの綱」。そこに一％の勝機があると思うがゆえに、モチベーションが保てるし、ここ一発の根性も出る。勝機が一％もないのに、根性なんか出るわけがない。

その一％の勝利の可能性をどう残すか、どう追究していくかが、多分、これからの重要なテーマだと思いますね。

日本独自の匠が失われている

平尾　今の日本と世界の勝負って、それこそブルドーザーが入れないようなニッチの部分に、ハイクオリティな技術と日本独自の勤勉さやこだわりが入って、なんとか戦いに臨めて拮抗してきた、という状況ですよね。

でも、今は教育も含めて西洋化されていくなかで、日本独自の勤勉さ、こだわり、匠《たくみ》というものがどんどん失われている。そういう状態で戦うことが、日本にとって非常に不利なことは間違いないですよ。

山中　ラグビーでも匠ってなくなっているんですか？

平尾　国内のラグビーの大会を観ていると、力技で勝ったろうと、アメリカ的なものを真似ているチームが多いんです。ブルドーザーで相手を圧倒すればいい、というチームが。だから今、すごくでかい選手を集めてきて、ぶわーっと攻める戦い方が主流をなしている。

でも、こういうブルドーザー型のチームが世界に出ていって、同じようなブルドーザー型の相手と戦っても、勝てないんです。なぜなら、選手一人一人の体格や体力が格段に違うから。さっき先生がおっしゃったのと一緒で、外国の体力勝負のブルドーザーを相手に同じ戦い方をしたって、絶対に勝てない。日本独自のやり方じゃないと、もう一つ上の戦いには勝てないんですよ。

ところが、国内でブルドーザー感覚の選手が育っていくと、日本独自の戦い方を経験したことのない連中がどんどん増えていきますよね。だから、いざ海外に出た時には、もうどうしていいかぜんぜんわからない。アメリカと同じやり方で戦っても、勝ち目はないわけですよ。

要するに、国内での戦い方と国外での戦い方は、まったく違うんです。それがわかっていないということが、ラグビーに限らず日本のあらゆる競技が弱くなっている要因の一つだと思う。体格の問題や日本に不利なルール改定の問題もあるけれど、戦い方から日本の独自性が喪失していることが、大きな要因の一つやと僕は思うんですね。

山中　なるほど。研究者にとって匠というのは、その人にしかできない技術や実験手法がある、ということです。そういうのもごく一部は残ってますが、残念ながら今は研究手法がどんどん変わってきて、全部オートメーション化。機械のスイッチ入れたら勝手に答えが出てくるようなものに、どんどん変わってきています。

　そうなると、高価な機械を早く買った人の勝ち。それも残念ながら、ほとんどの最先端の機械はアメリカでできている。当然、アメリカは国策で、まず自分の国でさんざん使ったあとでないと日本に出さない。だからその機械が日本に来た時には……。

平尾　アメリカではもっといい機械を使ってる。

山中　はい。僕ら研究者にとって、それは本当につらいことなんです。日本でそういう機械を開発するようになればいいですね。

　ただ、重要なのはアメリカと同じようないい機械を使うことじゃなくて、平尾さんが今おっしゃったような日本独自の戦い方が本当に大切だと思います。それに、アメリカとの協力も大切。競争も意識していますが、協力はそれ以上にすごく意識しています。やっぱり競争と協力のバランスが大事ですね。

平尾　iPS細胞の研究のトップの人たちって皆、友達なんですか？

山中　友達になろうとしています。競争と協力のバランスを取るには、個人的に友達になるしかないですから。論文でしか知らない人だと、間違いなく競争相手にしかならない、敵にしかならないですからね。会ってみたら、いい人が多いですよ。

切り札を持て

山中　匠の話にも通じるんですが、iPS細胞の研究において絶対に作らなければならないと僕が思っているのは、「これがあるから日本を無視できない」と外国から一目置かれる技術です。アメリカの技術は進んでいるけど、日本にはこれがあるから決して無視できないんだ、と思わせるもの。伝家の宝刀みたいなものを持たなきゃいけない。

平尾　切り札は一枚でもいいと思う。それが決定的に状況を変えるカードやったら、一枚で形勢を逆転できる駆け引きの仕方もあると思うんですよ。

山中　いちばん困るのは日本が無視されることです。絶対に一枚は切り札を持たないと、日本は蚊帳の外に置かれて、本当に寂しいことになってしまいますから。

残念ながら今、そうなりつつあるんです。バイオ産業の投資でも、アメリカの投資家の目は日本ではなく中国にばかり向いている。iPSの技術は、アメリカの投資家がバイオ技術で日本にも目を向ける大きなチャンス。そのためにも強い切り札を持たないと。結構ギリギリの戦いなんですよ。

平尾　それはすごく大事なことですね。

山中　研究の切り札は一、二年で簡単にできるものじゃないので、五年十年かけて一枚でもできればいいと思っています。負け惜しみもあるかもしれないけれど、「他はどうぞ皆さんやってください。でも、ここだけは僕らが押さえていますよ」というものを持とうと、一生懸命、研究をしています。

平尾　肝《きも》やな。世界を相手に戦うには、やっぱり肝を押さえんといかんですよ。

文庫版あとがき

平尾惠子

十月二十日。今年も祥月命日が訪れ、自宅と墓地は美しい花で溢れました。
山中伸弥先生もまえがきで書いてくださいましたが、平尾誠二が愛した神戸の街が眼下に広がり、良く晴れた日には遠くに関西国際空港まで見渡せる高台に平尾は眠っています。

昨年のこの時期には、ラグビーワールドカップ日本大会での日本代表の快進撃で、日本全体が賑わっていました。決勝トーナメントに進んだ日本が南アフリカと対戦する日と平尾の命日が重なったこともあり、テレビや新聞で「平尾の命日に勝利を捧げる」と大きく取り上げられていたことを、ふと思い出します。

「絶対に成功させろ。死ぬ気でやれ。どんなことをしてでも会場を埋めろ」
当時日本ラグビー協会・広報部長をしていらした藪木宏之さんは、平尾からそう強く言われていたそうです。自国開催ワールドカップの成功の報告を、藪木さんは主人の墓前でしてくださいました。入れ替わるように私が参ったときには、ラグビーワールドカップの公式ラグビーボールと、真っ赤な薔薇の真ん中に白い薔薇が一輪綺麗に供えてありました。

「（ラグビーワールドカップ・イングランド大会における）南アフリカ戦の勝利は、選手の方々が平尾さんのことを知って頑張ったんちがいますかね。それが奇跡の勝利につながったと思えてならないです」

山中先生が平尾にこう言ったことがあります。平尾はこのイングランド大会が始まる数日前に、末期癌を告知されました。

「そんなアホな」そう返してうっすらと笑みを浮かべた平尾でしたが、先生はさらにこう続けました。

「負けられませんね。僕たちも頑張りましょう」

山中先生は最初から最後までそうでした。「頑張ってください」ではなく、「僕たちも頑張りましょう」。

あの時、平尾がなによりも必要としていた言葉だったことは想像に難くなく、大きくうなずいた平尾の顔は晴れやかでした。

コベルコスティーラーズ（神戸製鋼ラグビー部）のトップリーグ優勝と、ラグビーワールドカップ日本大会の成功。二〇一八年から一九年は、平尾がいなくなってから時には後退しながらゆっくり進んでいた時間が、突如加速したように感じるほど、瞬く間に過ぎていきました。

長年の平尾の二つの夢が成就した瞬間には、私たち家族の横に必ず山中先生がいてくださいました。

平尾が旅立ってからも、ラグビー関連だけではなく、山中先生ご一家には折に触れて寄り添っていただいています。こうしてあとがきを書かせていただきながら、一ミリも変わらぬ距離感に、あらためて感謝の思いでいっぱいになります。

期待に胸を膨らませて治験に入ったとき、病室から小さく見えた大阪城。

桜の季節になると奥さんの知佳さんが案内してくださる桜並木。

平尾と一緒に歩いたことがあるわけではありませんが、闘病中の平尾がいつも見ていた風景の中にいる気がして、幸せを感じます。

この地域には建築家の安藤忠雄さんの呼びかけで、世界最長の桜並木が作られるのだと知佳さんが教えてくださいました。

生前の平尾と親交があった実業家の藤尾政弘さんが大阪天満花火奉賛会の会長を務めておられ、天神祭の奉納花火を見せていただいたとき、私の隣が安藤忠雄さんでした。

「山中君もだけど、平尾君は本当にカッコいい。色んな意味であんなにカッコいい人は他に知らない」

そうおっしゃった言葉が過去形ではなく現在形だったことが、耳に心地よく響きました。藤尾さんはいつも息子の昂大に、「平尾君と行っていたお店に、一軒ずつ一緒に行きましょう」と声をかけてくださいます。

平尾と共にラグビー部を支えてくださっていたスティーラーズのスタッフ有志の方々からは、命日やお盆などには必ずお花を頂きますが、今年はスタッフの方々でグラウンドに花壇をつくり、そこで育てたというお花が主人のお墓に供えられていました。

闘病中に何度もこっそりと訪れた灘浜グラウンド。平尾にとって日常の大半を過ごすことが当たり前だった場所。戻るはずだったクラブハウスに置かれた遺影の前にも、グラウンドの片隅に咲くマリーゴールドが置かれているそうです。

会食の席では、チームのことやワールドカップのこと、そして在りし日の平尾の話など、私たちが知ることのないGMとしての姿を皆さんからうかがい、楽しいひと時を過ごしました。目の前にいるスティーラーズの方々を見ていると、あの日の平尾の言葉が心をよぎり、私はしばし目を伏せました。

「そんなことはないんやで。ないんやけど、シーズン中に万がいち僕に何かあったときは、絶対にチームにわからんようにせんとあかん」

あの約束は果たせなかったんだ……と。あとで聞くと、息子は私がいつ泣き出すかと冷や冷やしていたそうですが、さすがに私もこんな場では泣かなくなりました。

私は私の時間軸で、ゆっくりですが着実な時の流れを実感しています。

息子は藤尾さんだけでなく、平尾と親しかった皆さんから、平尾とよく訪れたというお店にご一緒させていただくことがあります。そのときの思いを私にこんな風に話してくれました。
「嬉しいはずなのに不思議と寂しさがよぎったんよ。このお店でどんな話をしてたんだろう？　どんなときにここに来たんだろう？　って」
いつだったか山中先生からこんなメールをいただきました。
〈今日は昴大君と飲んでいます
平尾さんと行ったお店です
懐かしくて泣きそうです〉
ただ3行の言葉に、先生のなかでいまも生き続ける平尾への想いが溢れていて、携帯を見つめたまま泣きました。

何度か見た夢の中での平尾は、いつも闘病中です。そして私はこのあとに起こることもわかっていて……。
入院先の病室で「ちょっと友達に会って来るわな」と着替えようとする平尾に、「今度こそ絶対助からなきゃいけないから、ここにいてください」と私が懇願します。すると平尾はいつもの笑顔で、「心配せんでも大丈夫や。まだ死なへんって」と言う。

「お願いだから、どこにも行かないで」

自分の声で目が覚めるのです。

平尾は親しいお仲間と美味しいものを食べたり、お酒を飲んだりする楽しい時間をとても大切にしていました。

お酒は好きでしたが、酔っ払った姿を見た記憶はありません。意外に思われるかもしれませんが、素顔の平尾はけっして雄弁家ではなく、どちらかと言えば寡黙な人でした。でも行きつけの店には必ず知人がいて、言葉のキャッチボールをするかのように会話が弾む。そうすると、自分の知識がどんどん引き出されるし、それで相手に喜んでもらえると自分も嬉しい、と話してくれたことがありました。

本編にも書きましたが、山中先生に「僕は会って平尾さんから直接話を聞くのが好きなんです。本じゃせえへん話がいっぱいあるでしょ」と言われて「ハハハハ」と嬉しそうに笑う平尾の横顔を見て、平尾がいつか話していたことはコレなんだと、スーッと理解できた気がしました。

山中先生が編者をしてくださった『友情2』（二〇一九年刊）に寄稿していただいた友人の奥総一郎さんから、「ご家族との時間を奪ってしまったようで申し訳なかった」というお手紙を頂戴したことがあります。奥さんだけではなく、平尾が心を許したご友人のなかには同じ思いの方がいらっしゃるかも知れませんが、むしろ、この場をお借りして心からお礼を申し上げたいのです。

ただ一途に足早に駆け抜けた生涯ではありましたが、平尾が友情を育んだ、何物にも代えがたい素晴らしい時間があったからこそ、その方々の心の中にいまも平尾の居場所があるのだと、四年の歳月を経て知ることができました。

山中先生と平尾が闘った十三ヵ月。

矛盾しているのですが、どんな重篤なときでも必ず今日と同じ明日が来ると信じた私の十三ヵ月は、もしかしたら明日は来ないかも知れない。そんな思いの中で時を重ねた十三ヵ月でもありました。

病気や年齢に関係なく、明日を約束された者などいないから、私も自分に与えられた今日一日を大切にすることから始めよう。

最後になりましたが、『友情』は山中先生と平尾の「闘病の記録」として出版されました。週刊現代で最初の対談を実現してくださり、三十五年もの歳月をかけて平尾を撮り続けてくださった岡村啓嗣さんと、公私にわたり長年の親交があった編集者の鈴木章一さんのお二人と育んだ友情があったからこそ一冊の本になりました。山中先生と私たち家族の記憶の中だけに残るはずだった記録を読んでくださったすべての読者の皆さまに、心からお礼を申し上げます。

二〇二〇年十二月

Hirao Seiji

平尾誠二 年表

1963年……❖1月21日、京都府京都市に生まれる

1975年……❖京都市立陶化中学校入学。ラグビーを始める

1978年……❖京都市立伏見工業高校入学。2年生のとき、同校初となる全国高校選手権出場を果たす

1981年……❖主将として全国高校選手権優勝。同校卒業後、同志社大学商学部に入学

1982年……❖史上最年少（当時）となる19歳4ヵ月でラグビー日本代表に選出

1985年……❖同志社大学が史上初となる大学選手権3連覇達成（83〜85年）。日本選手権では松尾雄治を擁する新日鐵釜石に惜敗。その後、英国リッチモンドにラグビー留学

山中伸弥 年表

1962年……❖9月4日、大阪府大阪市に生まれる

1978年……❖大阪教育大学附属高等学校天王寺校舎入学。柔道二段

1981年……❖神戸大学医学部入学。怪我で柔道を諦め、3年生の時にラグビーを始める

1987年……❖神戸大学医学部を卒業後、国立大阪病院（現・独立行政法人国立病院機構大阪医療センター）に勤務。整形外科で臨床研修医として働く

1989年……❖病院を辞め、研究者を志して大阪市立大学大学院に入学。93年に博士号取得

1993年……❖4月、米国グラッドストーン研究所に留学。後のiPS細胞につながる研究をスタートする

Yamanaka Shinya

❖1986年……神戸製鋼所に入社
❖1987年……第1回ラグビーワールドカップ（W杯）に出場
❖1989年……神戸製鋼が日本選手権で初の日本一に。以後、95年まで7連覇を達成する原動力になる
❖1991年……第2回ラグビーW杯に主将として出場。日本をW杯初勝利（対ジンバブエ戦）に導く
❖1995年……第3回ラグビーW杯に出場
❖1997年……ラグビー日本代表監督に就任（～2000年）。神戸製鋼ではゼネラルマネージャー（GM）を務めた
❖1998年……1月、現役引退
❖1999年……日本代表監督として第4回ラグビーW杯に出場（結果は0勝3敗）

❖1996年……留学を終え、帰国。1月から日本学術振興会特別研究員に採用される。同年10月、大阪市立大学医学部薬理学教室助手に就任
❖1999年……奈良先端科学技術大学院大学の公募に応募。12月から助教授として採用され、初めて自分のラボ（研究室）を持つ
❖2003年……教授に就任。ラボでの研究が科学技術振興機構のプロジェクトに採択される
❖2004年……10月、京都大学再生医科学研究所教授に就任
❖2006年……8月、米国の科学誌「セル」に、マウスのiPS細胞に関する論文を発表。この時点では研究者間でも半信半疑の反応が大半だった
❖2007年……8月からグラッドストーン研究所上級研究員を兼務。11月、「セル」に、ヒトiPS細胞に関する論文を発表。世界的な注目を集める

2007年
❖神戸製鋼コベルコスティーラーズGM兼総監督として7年ぶりとなる現場復帰（～14年）

2008年
❖1月、京都大学iPS細胞研究センターのセンター長に就任。11月、紫綬褒章受章

2010年
❖9月、「週刊現代」の対談企画で、山中伸弥、平尾誠二の二人が初めて出会う
❖4月、京都大学iPS細胞研究所所長に就任

2011年
❖文部科学省中央教育審議会委員に就任
❖11月、文化功労者に選出

2012年
❖ラグビーW杯2019組織委員会理事に就任

2012年
❖10月、ノーベル生理学・医学賞受賞が発表される。11月、文化勲章受章

2013年
❖11月、2014年の神戸新聞元旦紙面用に、二人が京都大学iPS細胞研究所で2度目の対談

2015年
❖9月12日未明、吐血。検査で癌と診断される。11月からは免疫療法の治験を開始するも、劇的な効果が見られず治験打ち切りに

2016年
❖2月、闘病中の平尾の依頼により、神戸ロータリークラブで二人がトークイベント。これが最後の対談になった
❖10月20日午前7時20分、永眠。享年53

〈写真〉
岡村啓嗣（カバー表1と本文）
時事通信フォト（61, 77, 137, 147, 183のみ）
平尾恵子氏提供（143）
山中伸弥氏提供（151）

＊数字は掲載ページ

この作品は、二〇一七年十月に小社より『友情　平尾誠二と山中伸弥「最後の一年」』として刊行された作品を改題したものです。

| 著者 | 山中伸弥　1962年、大阪市生まれ。神戸大学医学部卒業、大阪市立大学大学院医学研究科修了（博士）。米国グラッドストーン研究所博士研究員、京都大学再生医科学研究所教授などを経て、2010年４月から京都大学iPS細胞研究所所長。2012年、ノーベル生理学・医学賞を受賞。2020年４月から公益財団法人京都大学iPS細胞研究財団の理事長を兼務。

| 著者 | 平尾誠二　1963年、京都市生まれ。81年、伏見工業高校で全国高等学校ラグビーフットボール選手権大会優勝。同志社大学では史上初の大学選手権３連覇を達成。史上最年少（当時）で日本代表に選出される。卒業後、英国リッチモンドに留学、86年、神戸製鋼所入社。日本選手権７連覇の立て役者に。98年に現役引退後、99年W杯日本代表監督。2007年、神戸製鋼コベルコスティーラーズＧＭ兼総監督に就任。2016年10月永眠。享年53。妻・恵子(けいこ)さんとの間に長女・長男がいる。

友情《ゆうじょう》　平尾誠二《ひらおせいじ》と山中伸弥《やまなかしんや》「最後《さいご》の約束《やくそく》」

山中伸弥《やまなかしんや》　平尾誠二《ひらおせいじ》・恵子《けいこ》

© Shinya Yamanaka, Keiko Hirao 2021

2021年１月15日第１刷発行
2023年11月27日第３刷発行

発行者――髙橋明男
発行所――株式会社　講談社
東京都文京区音羽2-12-21　〒112-8001
電話　出版（03）5395-3522
　　　販売（03）5395-5817
　　　業務（03）5395-3615

Printed in Japan

講談社文庫
定価はカバーに
表示してあります

KODANSHA

デザイン―菊地信義
本文データ制作―株式会社新藤慶昌堂
印刷―――株式会社KPSプロダクツ
製本―――株式会社国宝社

落丁本・乱丁本は購入書店名を明記のうえ、小社業務あてにお送りください。送料は小社負担にてお取替えします。なお、この本の内容についてのお問い合わせは講談社第一事業本部企画部あてにお願いいたします。

本書のコピー、スキャン、デジタル化等の無断複製は著作権法上での例外を除き禁じられています。本書を代行業者等の第三者に依頼してスキャンやデジタル化することはたとえ個人や家庭内の利用でも著作権法違反です。

ISBN978-4-06-522266-9

講談社文庫刊行の辞

二十一世紀の到来を目睫に望みながら、われわれはいま、人類史上かつて例を見ない巨大な転換期をむかえようとしている。

世界も、日本も、激動の予兆に対する期待とおののきを内に蔵して、未知の時代に歩み入ろうとしている。このときにあたり、創業の人野間清治の「ナショナル・エデュケイター」への志を現代に甦らせようと意図して、われわれはここに古今の文芸作品はいうまでもなく、ひろく人文・社会・自然の諸科学から東西の名著を網羅する、新しい綜合文庫の発刊を決意した。

激動の転換期はまた断絶の時代である。われわれは戦後二十五年間の出版文化のありかたへの深い反省をこめて、この断絶の時代にあえて人間的な持続を求めようとする。いたずらに浮薄な商業主義のあだ花を追い求めることなく、長期にわたって良書に生命をあたえようとつとめるところにしか、今後の出版文化の真の繁栄はあり得ないと信じるからである。

同時にわれわれはこの綜合文庫の刊行を通じて、人文・社会・自然の諸科学が、結局人間の学にほかならないことを立証しようと願っている。かつて知識とは、「汝自身を知る」ことにつきていた。現代社会の瑣末な情報の氾濫のなかから、力強い知識の源泉を掘り起し、技術文明のただなかに、生きた人間の姿を復活させること。それこそわれわれの切なる希求である。

われわれは権威に盲従せず、俗流に媚びることなく、渾然一体となって日本の「草の根」をかたちづくる若く新しい世代の人々に、心をこめてこの新しい綜合文庫をおくり届けたい。それは知識の泉であるとともに感受性のふるさとであり、もっとも有機的に組織され、社会に開かれた万人のための大学をめざしている。大方の支援と協力を衷心より切望してやまない。

一九七一年七月

野間省一